殷登国说民俗

草木虫鱼新咏

殷登国 著

百花文艺出版社
BAIHUA LITERATURE AND ART PUBLISHING HOUSE

图书在版编目（CIP）数据

草木虫鱼新咏 / 殷登国著. ——天津：百花文艺出版社，2011.1

（殷登国说民俗）

ISBN 978-7-5306-5694-5

Ⅰ.①草… Ⅱ.①殷… Ⅲ. ①风俗习惯—掌故—中国—通俗读物 Ⅳ.①K892-49

中国版本图书馆 CIP 数据核字（2010）第 226276 号

百花文艺出版社出版发行

地址：天津市和平区西康路 35 号

邮编：300051

e-mail: bhpubl@public.tpt.tj.cn

http://www.bhpubl.com.cn

发行部电话：(022) 23332651　　邮购部电话：(022) 23332478

全国新华书店经销

永清县金鑫印刷有限公司印刷

*

开本 880×1230 毫米　1/32　印张 7.625　　插页 2

2011 年 1 月第 1 版　　2011 年 1 月第 1 次印刷

印数：1-4000 册　　　　定价：21.00 元

清菩提纱彩绘《童子拜观音像》

菩提子做成的手串

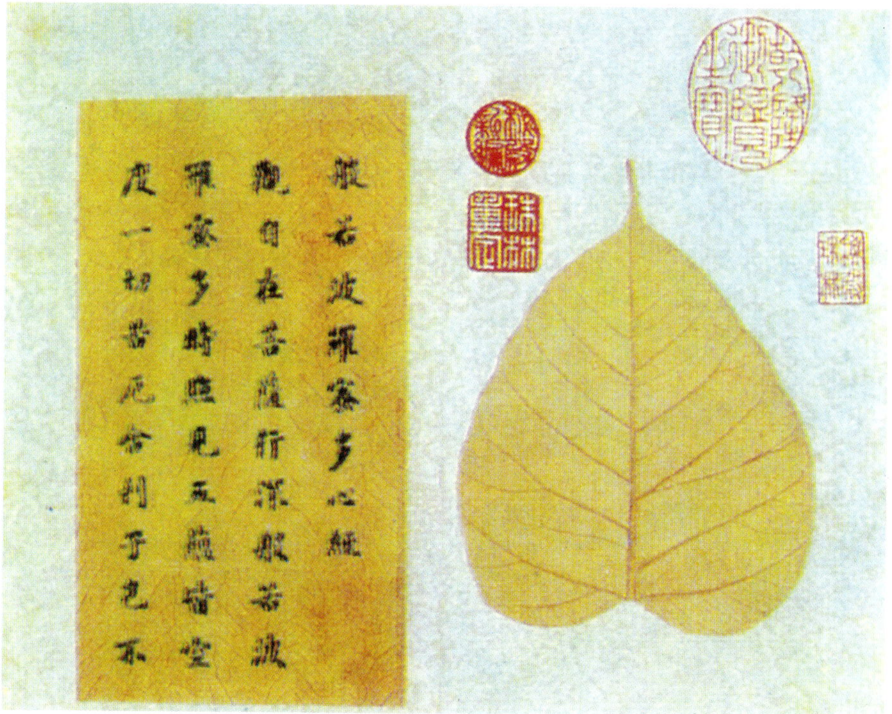

般若波羅蜜多心經
觀自在菩薩行深般若波
羅蜜多時照見五蘊皆空
度一切苦厄舍利子色不

清宫珍藏菩提纱所写的经文

山茶花名种“十八学士”

近人吴咏香画山茶与腊梅

清朝壶卢形的鼻烟壶

清雍正青花斗彩葡萄壶卢花瓶

雕上吉祥图案的并蒂壶卢

近人伍揖青画《荔枝与蝉》

近人苏峰男画木棉花

近人欧豪年《荷花》

张大千《荷花》

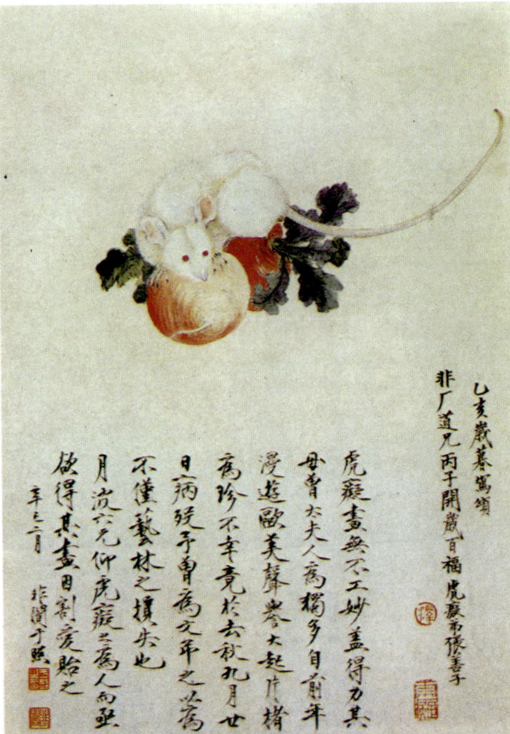

近人张善子画鼠

欧豪年笔下的雄鸡

近人喻仲林画斑鸠

唐三彩洋人打工牛车俑

欧豪年画猪

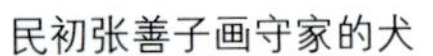
民初张善子画守家的犬

晚清刘奎龄《双狗》图

自 序

《草木虫鱼新咏》是一本介绍大自然里各种生物情态的书。但不全是从生物学的观点来谈它们,主要是从民俗学和文学的观点，介绍古代中国人怎样看这个有情世界里的一草一木、花鸟虫鱼,所以称之为“新咏”。

孔子曾要他的儿子“多识草木鱼虫鸟兽之名”，这的确是一个睿智的卓见，因为大自然里的所有生物,都与人类的生活息息相关,唯有多了解、多关切这些共同生活在这个地球上的亲密伙伴，人类的生活才能更和谐、更快乐、更与大自然融为一体,达到“天人合一”之境。近日生态学者极力呼吁人们要爱护自己生活的环境,尽量维护大自然的景观,不要把珍罕的动物赶尽杀绝……也是基于同一理念与认识。

《草木虫鱼新咏》是笔者继《中国神的故事》、《岁时佳节记趣》、《赏心乐事说故》系列丛书的第四本书。希望经由这四本一套的小书，能把古代中国人的生活风貌和中国人独特的宇宙观，为您作一个鸟瞰式的介绍。

般登国(商都)谨志于一九八五年春

目录

菩提纱 / 001

南国嘉树山茶花 / 005

漫谈壶卢 / 011

高高树上采槟榔 / 021

燃烧吧，木棉花 / 028

消暑解渴谈西瓜 / 032

果中尤物话荔枝 / 040

荷花素描 / 052

秋菊傲霜开 / 060

深秋枫叶红 / 069

梅花 / 073

鸦片的故事 / 082

鸟鸣千啭报春归 / 093
人言鸟 / 101
初夏蝉声唱 / 113
萤火虫 / 119
故国霜前白雁来 / 125
深秋话蟹 / 131
古往今来说养鸡 / 138
民俗学里的鸡与鸡蛋 / 149
谈蛊色变 / 158
老鼠面面观 / 164
牛的颂歌 / 184
古籍里的狗 / 196
狐狸的传说 / 206
三伏洗象 / 218
猪的故事 / 228

菩提纱

菩提树属桑科常绿乔木，高可十五公尺，树干生长不均匀，有多数隆起或凹陷部分；侧枝自树干发出，数多而广展，平滑无毛。叶互生，作阔卵形，边缘略作波形，柄长叶尖，长度可达叶片全长三分之一，叶面滑泽，果实球形而无柄，常两两对生于叶腋间。这种植物原产于东印度，恒河流域尤盛，梵语作“毕钵罗”，由于纪元前六世纪时，释迦牟尼佛在苦行多年后，于优楼频螺村之一株大毕钵罗树下结跏趺坐，静心思维，立誓“不成正觉，誓不起座。”后来果得证“阿耨多罗三藐三菩提”，菩提亦为梵语，意为觉道，于是毕钵罗树也称菩提树，成为佛教徒瞻礼的对象，并且随着佛教一同传入中国。

菩提树传入中国之实物记载，以南北朝时智药三藏自西印度移植于广州光孝寺者最为著名。清人屈大均《广东新语》卷二十五“菩提”云：“诃林有菩提树，萧梁时智药三藏自西竺持来，今历千余年矣，大可百围，作三、四大柯，其根不生于根而生于枝，根自上倒垂以千百计，大者合围、小者拱把，岁久，根包其干，惟见根而不见干，干已空中无干，根即其干，枝亦空中无枝，根即其枝……”

广州光孝寺这一株历史悠久的菩提树，颇为佛徒重视，因为禅宗六祖慧能曾于树下薙发，开东山法门。《六祖法宝坛经》里的“行由品”说：“慧能……一日思维，时当弘法，不可终遁，

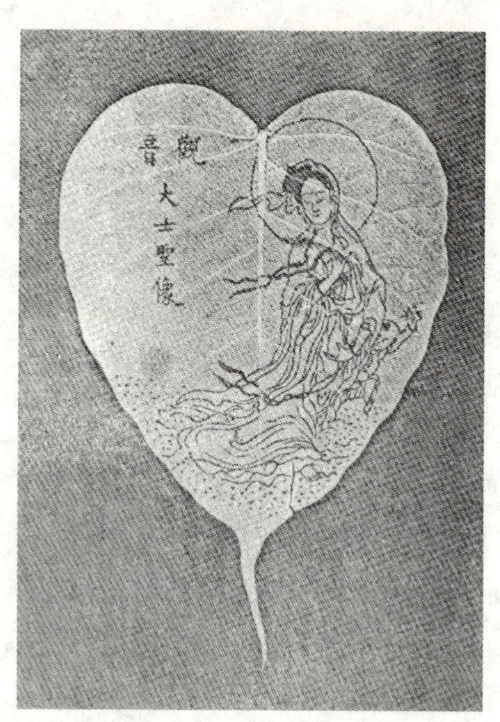

广州光孝寺菩提树叶浣渍成的菩提纱画像

遂至广州法性寺（即今之光孝寺）。值印宗法师讲《涅槃经》，因二僧论风幡义，一曰风动，一曰幡动，议论不已。慧能进曰：不是风动、不是幡动，仁者心动。一众骇然，印宗延至上席，征诘奥义。……印宗闻说，欢喜合掌，……于是为慧能薙发，愿事为师。慧能遂于菩提树下，开东山法门……”

慧能与菩提树的关系还有个脍炙人口的故事。《六祖法宝坛经》“行由品”说：东山双峰寺里的禅宗五祖弘忍视神秀为传钵弟子，因为他是首座兼教授师，谁都不能胜过他。有一天，弘忍对众徒说，你们各凭智慧，做一首偈来给我看，通得过，便传他为六代祖。众弟子以为教授师神秀应得衣钵，无须呈偈，神秀却以为呈上偈子，和尚才知自己的智慧。于是神秀便把作好的偈子写在堂前壁上，心想：如果五祖说好，我就去拜谢，否则，走了算了。偈云：

身是菩提树，心如明镜台；
时时勤拂拭，勿使惹尘埃。

五祖见后，认为只到门前，未入门内，问知是神秀所作，便要他再作一偈子来。众僧捧念神秀之偈子，为烧火僧慧能听见，便对别人说：我也有偈子，请代写墙上。偈云：

菩提本无树，明镜亦非台；
本来无一物，何处惹尘埃。

五祖知道后，便把衣钵传给了慧能，称为禅宗六祖。

神秀主渐悟，慧能主顿悟，而藉菩提为发语，禅宗竟因而演变成南北二派，菩提与佛教之渊源真可谓深厚。

佛教徒顶礼菩提树，也把菩提叶摘采下来，在寒泉中浸泡四十天，把叶肉泡烂后，取出洗净成为细筋交错成网状之菩提纱，或在菩提纱上抄写佛经，或在菩提纱上画观音、佛祖、十八罗汉，或以菩提纱黏缀成灯帷笠帽，都极为精致可爱。

清乾隆五十八年（公元一七九三年），沈三白南游广州之海幢寺，就曾见寺僧以菩提纱裱成小册，抄写佛经；沈三白在《浮生六记》的第四卷“浪游记快”里说：“海幢寺规模极大，……有菩提树，其叶似柿，浸水去皮，肉筋细如蝉翼纱，可裱小册写经。”

前引《广东新语》卷二十五“菩提”说：“诃林有菩提树，……其叶似柔桑而大，本圆末锐。二月而凋落，五月而生，僧采之，浸以寒泉，至于四旬之久，出而浣濯，渣滓既尽，惟余细筋如丝，霏微荡漾，以作灯帷、笠帽，轻弱可爱，持赠远人，比于绡縠（皱纱）。”

清人翁方纲也有一首《光孝寺菩提纱歌》说：“菩提之树本无树，何况有树能成纱？我来西廊看尽古罗汉，日见寺僧浸水如沤麻。水干丝退净无滓，轻于鲛绡细于纸。贝多罗树青莲花，万缕千丝幻谁起？既了生灭垢净因，那至声香色空里？此树植自天监年，风幡偈子坛下传，不知诃梨勒果遗种在何处？大作屏幢小灯帷，谁知作书更受墨。郑虔柿、怀素蕉，焉保赤不萎黄青不凋，为写佛座静阅古树风萧萧。”

如今广州光孝寺虽已无僧侣居住，其菩提树也非南北朝时梁武帝天监年间之旧株，而系清仁宗嘉庆四年于旧树位置所补植，但邻居市民仍常至光孝寺中，采菩提树叶，依旧法浸纱。

南国嘉树山茶花

山茶也称茶花或曼陀罗树，是高约一、二丈的常绿性灌木，树皮光滑，灰白色，叶卵圆互生，边缘有细锯齿，叶色深绿，质厚有光泽，花形美大，是木本花卉中最名贵的一种，具有高度观赏价值。

山茶名称的由来，是因为“其叶类茗，又可作饮，故得茶名。”称“曼陀罗树”，是因为这种植物最早是由和尚种在庙宇中，给它取的名字。公元七世纪的唐朝，云南省寺庙中的和尚就开始种茶花了，庙宇沿墙都种有整列的茶花，高可五、六丈的百年老树，形成了一道高大浓密的绿墙，每到冬天茶花盛开时，每株树上冒出了上千朵的茶花，看得人眼花缭乱、瞠目结舌。

山茶原是红色单瓣花，每朵五瓣，后来产生许多变种，出现了白山茶花、淡红山茶花和艳红山茶花。花瓣也有单瓣和重瓣之别；重瓣的一朵可以多达一百二十片花瓣。

茶花是难养而善变的植物。

茶花难种的原因是细根少，需要特别的育苗技术，而且一株山茶从发芽到开花，要花上九年的时间。

栽培山茶的过程是这样的：选种籽育苗或剪枝扦插，两年后做第一次移植，过二至三年后再做第二次移植，这时的山茶花称为“四年生”或“五年生”，等到七年生或八年生时，进行第三次移植，第九年开始开花，十年生的山茶花才可以定植。换言之，在花圃出售的茶花树，至少应是九年生或十年生的植株，曾经三度移植的。

茶花必须一再移植，是因为细根少，单凭一支主根，不仅在土中立足不稳，易被风吹倒，吸收养分的面积也不够，无法茁壮开花；所以每次移植时，需要剪主根，使它易长毛根。

茶花的根易断，因此移植时必须先用尖刀切开根土周围，再用竹筷的钝头轻轻将土挑散、露出根部；盆栽的茶花，也必须每年换一次盆。

茶花的品种上千，像宝珠（红花心繁如珠）、月丹（花大红）、照殿红（花朵较月丹更大）、海红（花浅红色）、海榴茶（花红蒂青）、石榴茶（红花中有小碎花者）、宫粉茶（花粉红

清　黄慎《山茶梅花》

色）、白六角、广东粉、十八学士、荔枝茶、七巧、五宝、九曲、一捻红、鹤顶红、千叶白（白宝塔）等，都是我国的名种山茶花。

日本则是另一个爱好山茶花的民族，中国人喜爱花形大、变化多的山茶，日本则以单纯为上选，色泽形状越简单越为名贵。日本人替山茶取的花名都颇富诗意，像白玉吹雪、桃下美人、春之雪、春之潮等等。

山茶花品种繁多，是因为它具有"枝条变异性"；在一株茶花树上，用扦插法繁殖，每根枝条上的花朵都可以自成一个品种，开出花形花色迥异的花朵来，古来最有名的混合色系山茶花"十八学士"，是为茶花枝条变异的代表，可以同时开放红六角、白六角、红牡丹、白牡丹、左旋转、右旋转、分心卷瓣、红晕、白晕……十八种山茶花来。

山茶花约在农历十一月前后，绽放出艳丽的花朵供人欣赏。

由于入冬以后，姹紫嫣红的群花都不见了，唯独山茶花盛开着，所以特别受到人们的喜爱；而在雪地里盛开的红色山茶花，那种白雪绿叶红花的映照，更是十分耀眼。所以雪中的山茶花成了诗人和画家最爱描述的对象；南宋孝宗淳熙年间（公元一一七四——一八九），擅长画花鸟瓜果的画院待诏林椿，便画了一幅《山茶霁雪》的扇面，画一枝红色山茶花，在花叶间还带着雪白晶莹的残雪。

而宋人苏东坡的《邵伯梵行寺山茶》诗说："山茶相对阿谁栽，细雨无人我独来；说似与君君不会，烂红如火雪中开。"

宋　林椿《山茶霁雪》图

宋人梅尧臣的《山茶》诗："南国有嘉树，华居赤玉杯，曾无冬春改，常冒霰雪开。"宋人陶弼的《山茶花》诗："浅为玉茗深都胜，大白山茶小海红；名誉漫多朋援少，年年身在雪霜中。"都是形容寒冬雪地里的山茶花。

山茶花的花期很长，可以从十月、十一月一直开到次年的暮春初夏。明人张新的《山茶》诗："胭脂染就降裙襕，琥珀妆成赤玉盘；似共东风解相识，一枝先已破春寒。"吟咏的就是初春盛开的红山茶花；元人萨都剌的《阻风南露筋过罗汉寺登楼看山茶》诗说："野寺寻春酒未醒，不知几日过清明；小阑干外东风急，一树山茶落晚晴。"形容的则是暮春时盛开的山茶花。

晚清时，江苏仪征人厉惕斋家中种植的山茶花，就是冬春夏三季接开不凋；他在《真州竹枝词》中，有一首“茶花”诗说：“年年花事易消磨，如尔花中得气多；屈指三时开不断，冬寒春暖夏清和。” 自注云：“余家山茶，从冬月接续开，至次年四月。”

山茶花原产于云南，以后才逐渐移植到中土；但是至今云南还以盛产名贵品种的山茶花著称；五代十国时后晋人赵莹所写的《云南山茶谱》里，也记载了近百种茶花；明人冯时可《滇中茶花记》说：“滇（云南）中茶花，最甲海外，种类七十有二，

吴友如画山茶花花神白居易

冬末春初盛开，大于牡丹，一望若火齐云锦、烁目蒸霞。”

民初人徐珂在《清稗类钞》里也说：“山茶花，南方各省皆有之，云南尤著，以在会城之归化寺者为第一。其本合抱，花大如盂，为元明以前物，游宦羁客，多饯别于此，每歌咏之。”

滇中茶花的名贵，近人邓直指说有十绝：一、艳而不妖；二、寿经三、四百年尚如新植；三、枝干高耸四、五丈，大可合抱；四、肤纹苍润，黯若古云气樽罍；五、枝条黝纠，状如尘尾龙形；六、蟠根奇古，可凭而几，可藉而枕；七、浓叶森沉如幄；八、性情能耐霜雪，四时常青；九、一次开放历时二、三个月；十、水养瓶中，十几日以后都不变色。

中国人在冬天，一边饮酒一边欣赏山茶花的情景，厉惕斋《真州竹枝词引》里，曾有一段生动的描写：“此（冬至）后，富家作消寒会，脱尽恒蹊，或具全羊、或脍鱼头、或尚五煨，务各精其馔以相飨。酒则百花绍兴，必其陈者；主人馈客，必别室，假山石后，曲径通幽，窗嵌玻璃，门垂帘幔，琳琅四壁，缥缃满床，其盆景未收花房，而留外过冬者，率安置其中，以供雅玩。铜炉内，埋少许熟炭，只觉室内生春，盂中蒲草，生意融融，盆里茶花，意致楚楚……”山茶竟成了消寒会里雅供清玩的要角。

中国在往昔有十二花神之说，十一月山茶花的花神是唐朝诗人白居易（乐天）；白居易晚年对佛教禅宗颇感兴趣，自号“香山居士”，而山茶又名曼陀罗树，是寺庙里常种植的花，或许就因为这点渊源，白居易成了十一月山茶花的花神吧！

漫谈壶卢

七、八月间，正是壶卢收成的时节，这种又可吃、又可制成器物以盛酒、舀水……又与收妖辟邪、吉祥如意沾点儿关系的植物，真是惹人好奇啊！

瓠子与壶卢

壶卢是晚近的俗称，这种植物在古代称作“瓠”，有苦瓠与甜瓠二种，前者作器、后者为蔬。诗经里说“瓠有苦叶”，是指味苦的一种，这种苦壶卢的叶子，晒干了研成粉末，泡开水吃可以去毒解暑，加上雄黄，可以解山岚瘴疠之毒。诗经里又有“幡幡瓠叶”，指的是甜壶卢，大陆北方的人家常以为蔬果，烹炒爆煮无不相宜；唐人柳玭、郑余庆，都以常食瓠子为“清德”，意思是清高有德者乃能甘之如饴。

据明人李时珍《本草纲目》卷二十八载，壶卢的“壶”为酒器，“卢”为饮器，指它可为日常容器；一般人称“壶卢”为“葫芦”是错误的，因为“葫”是蒜的别名，“芦”是水边的苇草；它又可称作“瓠瓜”或“匏瓜”。近代人分得较为仔细，把上下一样粗细的称作“瓠子”，细长的一端有圆肚子的称作“悬瓠”，无柄只一个扁圆肚子的称为“匏”，扁圆肚子有个短柄的为“壶”，壶有细腰者为“蒲芦”，其实这只是从外形上来区分，它们的苗、叶、皮、子的性味是完全相同的。近人有更简便的分法，把吃的称作瓠子，晒干作容器的称作壶卢，至于哪种是瓠、哪种是匏、悬瓠、壶或蒲芦，就留给植物学家去头疼好啦！

栽培与采收

瓠子或壶卢，如何栽培种植呢？

在一千五六百年前的一本农书《齐民要术》（后魏贾思勰撰）卷二里，就提到瓠子的种植法了；上面说“正月可种瓠，六月可蓄瓠，八月可断瓠。”

同书上又说种瓠子最好用蚕屎作肥料，没有的话，用牛粪亦可，这样长出来的瓠瓜才又肥又大。

永和有一位种壶卢的老先生钟盛，他今年七十多岁，种壶卢、卖壶卢已经十余年，据他的经验说，壶卢这种一年生蔓草植

钟盛雕刻壶卢的情景

物最会吃肥了，因此这块地如果今年种了壶卢，明年就不能再种壶卢了，因为土中的养分已被吃光，要过四年以后才能恢复，因此这块地在以后的三年里只能种其他的作物。

壶卢在一月间下种，它喜欢黄土，黄土使壶卢结的实，组织更细密而坚实，因此，华北地区的黄土平原最适合种植。把壶卢子埋在五分厚的土下，浇一次水，过了三、四天后再浇一次，第七天就冒出小芽了，小芽长得很快，这时每隔四天浇一次水，等芽长一尺半时，把芽端掐掉，让它由两旁继续抽芽，这时便可以搭架子让壶卢茎爬绕了。

壶卢生长的期间，还要施肥、喷药，它的叶子像冬瓜叶而稍圆，有柔毛，嫩时还可采来烹食。五、六月时开白花，而后结青白色的实，到七月就可收成了，它的形状随种子的不同而大小长短各异。

明人谢肇淛《五杂俎》卷十里提到两三种奇怪的壶卢，一是方形的、一是表面突起有字的、一是颈细长可打结的：“余于市场戏剧中见壶卢多有方者，又有突起成字为一首诗者，盖生时板夹使然，不足异也。最后于闽中见一壶卢，甚长，而拗其颈，结之若绳状。此物甚脆，而蔓系于树腹，又甚大，不知何以能结之？”谢肇淛也说明了方壶卢或壶卢表面突起成字的是用模子从四周夹住壶卢，让它在模子里生长、成形，是在壶卢生长的过程中以人工动了点手脚造成的。像钟盛所卖的壶卢里有些上面有“寿”字、“福”字或其他图案，这也是在壶卢小时直接刻上去的，等嫩皮变老变硬、壶卢变大时，这些字画就逐渐清晰了。

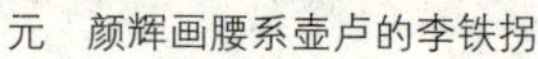

元　颜辉画腰系壶卢的李铁拐

用途最普遍

要食用的瓠子等它长大了、还不老时，就立刻摘下；作壶卢的则等它完全长好了、长老了，才摘下放在太阳里晒五十天左右等它干透，便可做容器了。如果壶卢是圆球形带个短柄的，可以从中间一剖为二，做成舀水的瓢子，如果壶卢是有细腰的，可以从顶端切开一个口，除去里面的瓤和籽，加上软木塞子做成装酒、装水的容器。

在古代，没有玻璃瓶子，用壶卢作容器贮盛液体是普遍的情形。清人石成金《笑得好》二集里，有一则"醋招牌"说："有一酒店，来买酒的但说酒酸，就锁在柱上。适有道人背一大壶卢进店，问之，店主曰：'他谎说我酒酸，因此锁他。'道人曰：'取杯我尝尝看。'道人咬着牙吃了一口，急急跑去。店主喜其不说酸，呼之曰：'你忘记壶卢了。'道人曰：'我不要，我不要，你留着踏扁了做醋招牌。'"

这个笑话说明了两件事：第一，有人用壶卢盛酒，第二，醋店的招牌是画个壶卢形的，所以道人要酒店老板干脆挂起醋招牌来，把酸酒当醋卖算了。其实壶卢也可以装醋的，宋人李嵩的《市担婴戏》图里，画面右边的担子上，最高处插有二竹枝，各挂一物，右边的就挂了一个壶卢，壶卢上面写了一个"醋"字。元人赵孟頫要讨小老婆，妻子管道昇便说"与君打破醋葫芦"，可见壶卢装醋在古代也极为普遍。

在壶卢里装药是更古老的事，明人洪自诚的《仙佛奇踪》卷二里说："费长房，汝南人，曾为市掾，有老翁卖药于市，悬一

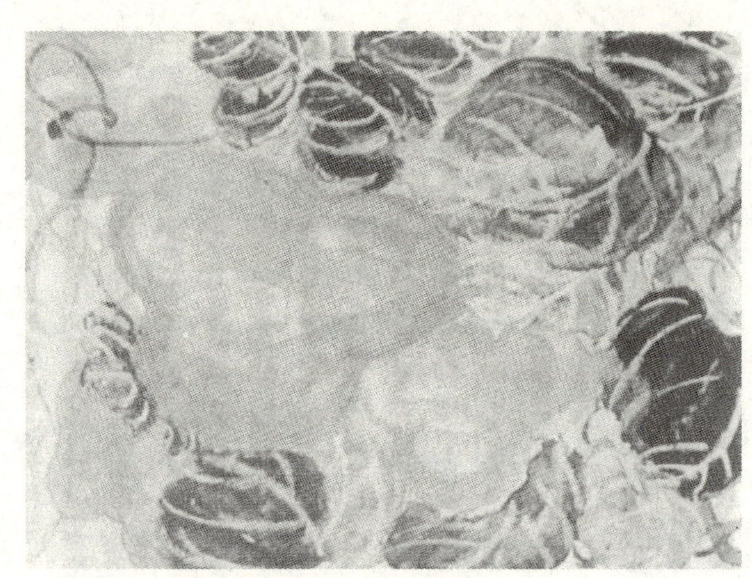

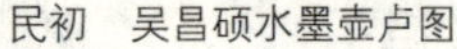

民初　吴昌硕水墨壶卢图

壶于肆头，及市罢，辄跳入壶中……”至今仍以“悬壶济世”作为对医生的褒扬。又隋唐人孙思邈，精究医药，每每以杖系壶卢，贮药于壶卢中济世救人；八仙中的李铁拐也是随身携带一个药壶卢，至今还有“你壶卢里卖的是什么药”的谚语，可见壶卢盛药的历史十分悠久了。

在古代，小壶卢还可以系在身边装碎银子、当钱包用。明人兰陵笑笑生《金瓶梅词话》第二十三回里，宋惠莲“便向腰间葫芦儿顺代里，取出三四分银子来，递与玳安道：‘累你替我拿大碗汤两个合汁来我吃。’……”当然，用绣荷包装钱是更普遍的情形。

圆球形带短颈的壶卢，一剖为二作水舀子用，既轻便，又实用。今日乡间还有人家用瓢来舀水哩！《金瓶梅词话》的作者在

第四回里，借“瓢”与“嫖”同音，大大地作了一番文章；原来潘金莲与西门庆勾搭上了以后，王婆要金莲每天来她家与西门庆幽会。这天西门庆先到王婆家了，王婆便假装借瓢，到隔壁金莲家看看她丈夫武大出门卖饼没：

……（王婆）因向西门庆道：“这咱晚，武大还未见出门，待老身往他家，推借瓢看一看。”一面从后门踅过妇人家来。妇人正在房中打发武大吃饭，听见叫门，问迎儿是谁？迎儿道：“是王奶奶来借瓢。”妇人连忙迎将出来道：“干娘，有瓢，一任拿去，且请家里坐。”婆子道：“老身那边无人。”因向妇人使手势，妇人就知西门庆来了，在那边。婆子拿瓢出了门，一力撺掇武大吃了饭，挑担出去了。

作者在后面还借物讽人，对瓢儿大做文章：

这瓢是瓢，口儿小身子儿大，你幼在春风棚上恁儿高，到大来人难要。他怎肯守定颜回甘贫乐道，专一趁东风水上漂。有疾被他撞倒，无情被他罣着，到底被他缠住拿着。也曾在马房里喂料，也曾在茶房里来叫。如今弄的许由也不要，赤道黑洞洞，葫芦中卖的什么药。说瓢儿正是说潘金莲哪！

辟邪与如意

壶卢与辟邪收妖的法术发生关系，在历史上有几个关键人物值得一提。

首先是东汉末年费长房的老师壶公。他在市上悬壶卖药，收摊子后趁没人注意时便钻进壶中。费长房在楼上窥见了十分讶异，便要拜壶公为师，壶公便邀长房同入壶中，只见高堂华厦无异仙境，旨酒甘肴罗列于前，却原来壶卢之中别有洞天。

其次就是八仙中的李铁拐，他手持铁拐、肩背壶卢，径行天下而度有缘之凡人。他把起死灵丹放在壶卢里，必待善人方援救之。明人“西游记”中演述八仙故事的东游记里，甚至说东汉末年的壶公就是李铁拐的化身，因为他在天界戏把太上老君的坐骑青牛给放了，结果青牛大闹西域大秦国，老君要李铁拐立功赎过，他便悬壶济世了。不过也有人嘲笑李铁拐，说他壶卢中仙药万灵，为何不先医医自己的跛脚呢！

一直到明人吴承恩写《西游记》时，壶卢才神威大发了。在

梨形的变种壶卢，另有一种拙朴之美

可辟邪的壶卢

三十三回里，孙行者一行遇到了持有“紫金红壶卢”的金角大王、银角大王，只要把壶卢口对准某人，念他名字，他一应就立刻被吸进壶卢去，随即在壶卢口上贴太上老君急急如律令奉勅的帖儿，壶卢中人在一时三刻就化为脓水了。

随着《西游记》故事的流传，惯能吸人的壶卢逐渐演变成收妖的宝物了。像民初人胡朴安《中华全国风俗志》下篇卷一里，说河北省丰润县人过端午节时，在门旁插艾一枝，上悬纸壶卢一枚，借以辟邪免灾。端午时邪魅最多，悬一纸壶卢就是希望把这些邪魅收进壶卢里，以免鬼物害人。

端午节除了在门楣挂纸壶卢辟邪收妖外，福建等地区举行

龙舟竞渡时，还在船尾的船舷上挂一只真的壶卢，这种举动无非是企图借壶卢的神力来保佑该船，以免发生覆舟等意外事件罢了，一如今日计程车司机在车上吊着由庙中请来的香包灰符，求菩萨保佑免出车祸。

庙宇的屋脊中央或房屋山墙部位，有的也嵌上了壶卢形的装饰品，在装饰之外更有驱邪迎福的意味。中国人的吉祥图案里，也有画花叶缠绕、果实累累的壶卢，这种图案叫做“壶卢万代图”，有祈求多子多福禄的意思！

而人家的客厅里摆一个壶卢，不但平添了典雅的趣味，还有祈求吉祥如意的作用；因为“壶卢”与“福禄”同音，谁不希望自己又有福又有禄呢？

壶卢造型的吉祥图案“子孙万代图”

高高树上采槟榔

在今天的社交场合里，递上一根烟是友善的表示，如果递上一颗槟榔，恐怕就要吓坏对方了。在古代，槟榔也曾极为风光，为上流社会之人士所喜爱呢！

吃槟榔的历史

从记载上看，南北朝时南方的中国人已经开始吃槟榔了，并且以之为珍贵的果物。

从魏人贾思勰在《齐民要术》卷十里，引“南州八郡志”说“槟榔大如枣、色青、似莲子，彼人以为贵异。婚族好客，辄先逞此物，若邂逅不设，用相嫌恨。”这是最早有关槟榔的记载，说纪元四五世纪时岭南人以槟榔为婚礼上敬客的贵重物品，平时见面也以它来待客，如果少了槟榔，就表示主人的怠慢和失礼了。

纪元五世纪时的另一个故事，也可以说明社会人士雅好槟榔的风尚。《南史》的“宋书”刘穆之传里说刘穆之年少时家里很贫穷，却喜欢吃美酒大餐。他只好常常到妻家去玩，但大舅子、小舅子们看不惯常羞辱他，他也照去不误。刘穆之的妻子倒有些不好意思了，劝他少去，但刘穆之还是有吃必到。有一回刘穆之吃完饭，要求吃点饭后水果——槟榔。大小舅子们笑他说：“槟榔是帮助消化的，你肚子好不容易才饱一回，哪里用得着吃槟榔呢？”后来刘穆之做官做到丹阳县令，有一次特地召来大舅子、小舅子。妻子还以为他要报复哩，求他手下留情。他笑说：“那些往事我不会借机报仇的。”舅子们来后，他以盛宴款待，吃完了，又令人用金盘捧出满满一盘的槟榔来待客，还笑着对他们说：“吃点槟榔帮助消化，别让肚肠太油腻了。”撇开斗心眼、彼此羞辱对方的事不谈，这个故事说明了当时有钱人家在饭后吃槟榔帮助消化的风尚。

这种以槟榔为高级水果的观念一直延续到明朝以后。像在明朝中叶时做太守的谢肇淛，就不讳言自己喜欢吃槟榔，并且吃上了瘾。他在《五杂俎》卷十一里说：“……槟榔破症消积，殊有神效。余食后辄饵之，至今不能一日离也。”他还引经据典地从名称上来说明这种水果的贵重。文中引“本草原始”说：“宾与郎皆贵客之称，交广人凡宾客胜会，必先呈此，故以‘槟榔’名也。”谢肇淛偏爱槟榔除了他自己是岭南（福建）人外，应该也和当时珍视槟榔的风尚有关吧。

槟榔的生态与品种

槟榔原产于马来半岛，和椰子、棕榈一样，是属于棕榈科的热带植物。

槟榔树的主干又直又高，在羽状复叶的基部抽出很大的花穗，花穗是由扁平的大花梗所组成，大花梗又分成许多细小的小花梗，当花谢了后，便在花梗上生出了槟榔。南北朝时的《齐民要术》卷十里，引《林邑图记》这本书来形容槟榔说：“槟榔树高丈余，皮似青铜，节如桂竹，下森秀无柯，顶端有叶，叶下系数房，房缀数十子，家有数百挂。”可为佐证。

槟榔的种类也有好几种，据清人俞樾的《茶香室三钞》卷二十八，引《政和本草图经》说：“槟榔有三、四种，小而味甘者名山槟榔，大而味涩、核亦大者名猪槟榔，最小者名蒳子。又云：尖长而紫文者名槟，圆而矮者名榔，槟力小，榔力大。”这是槟、榔二字的另一种解说了。

无论哪一种槟榔，采收槟榔的果实都在它未成熟而呈青绿色之时，这时的槟榔较小，纤维少而汁液多。如果槟榔子全熟了呈黄色时，就不能吃而只能用来育种了。

槟榔的吃法

槟榔的吃法有很多种，这可从果实和佐料两方面来介绍。

槟榔的果实以幼嫩多汁的“青仔”最受欢迎。当“青仔”缺货时，事先将“青仔”煮泡在盐水中久贮的咸槟榔，或晒干呈黑褐色的槟榔干和较大的老槟榔就补充上市了。

这四种槟榔吃时都要加上佐料，佐料可分包叶子和不包叶子两大类，因此加起来，一共是八种做法。包叶子比较简单，是用荖花仔的叶子来包，先在叶子上涂一层石灰，然后再把叶子折成适当宽度，卷成小圆筒，再把槟榔塞进去即可。不包叶子的槟榔，则要先用刀子把槟榔剖开一条缝，或像削苹果一样，反卷着割开一条缝，再把石灰与佐料夹进缝里，再加上一片荖花仔即成。

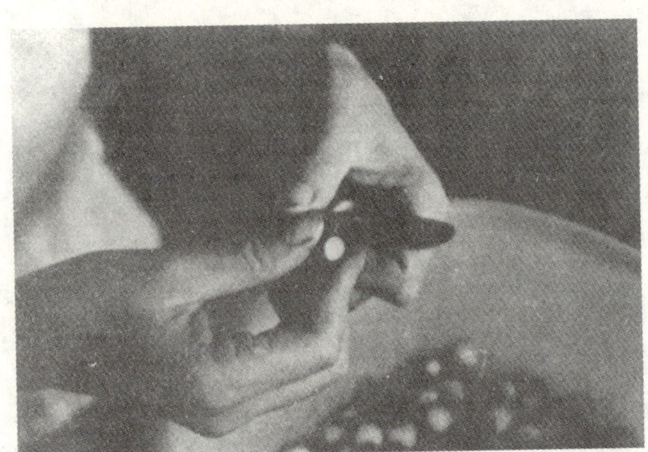

槟榔的佐料石灰酱

槟榔切缝可夹入佐料

石灰有白色和红褐色两种，后者是柑仔蜜等甘味料调制而成的，柑仔蜜的调法各人不同，有的在柑仔蜜里加上甘草粉，有的加上中药，加了可防头晕，有的加了糖或盐，卖出时抓一把切成细颗的芒果干是常见的佐料，加上一小片荖花仔更是不可少的佐料。

荖花仔的正式名称是蒟酱，包叶槟榔是用蒟酱的叶子来包，夹荖花仔的槟榔则是夹一片切好的蒟酱的果实。蒟酱在《植物名实图考》等书里有记载,说它是吃槟榔时不可少的一味佐料。

为何称蒟酱为“荖花仔”呢?或许因“蒟酱”不好读又不好写,大家都称这种爬藤植物为“蒌藤”,而“蒌”在闽南话里念作“老”,久而久之就变成“荖花仔”了

蒟酱的果实形如桑葚而细长,色灰绿,味辛含刺激性,叶亦然,因此被称为“槟榔的媒人”。

除了闽南一带的吃法外,槟榔还可以制膏食用。据晚清人雪印轩主在《燕都小食品杂咏》(三十首)中,咏“槟榔膏”说“小锣一面任情敲,膏合槟榔色似胶;陶母留宾曾截发,而今发竟为糖抛。”注云“以饴糖合槟榔屑,熬之成膏,摊成薄片,分块而售，云可消食消水，售者多以膏易人家之乱发，故词中云云。”这也可看出,古代北京还有收人发以制假发的行业。

吃槟榔的情趣

吃槟榔就像喝了酒一样,会满脸通红、全身发热,起初吃时会头昏眼花,十分难过,但吃惯了会上瘾,一天不嚼几颗,就会觉得浑身不舒服。尤其在冬天里吃上一口,只觉全身暖烘烘,任凭寒风瑟瑟也毫不在乎了。

民初本省才女叶碧吟的竹枝词咏槟榔有:“两颊桃红欲泛晕,儿家风韵在槟榔。”形容吃槟榔的情状,十分鲜活。

而清人彭羡门在《岭南竹枝词》里，也有“妾家豁口小回塘，茅屋藤扉蛎粉墙；记取榕阴最深处，闲时来过吃槟榔。”更充满了无限旖旎风光。

清人曹雪芹的《红楼梦》第六十四回里，也有借槟榔引发出来的韵事，贾琏就曾利用槟榔来挑逗尤二姐：

荖花仔（蒟酱）是吃槟榔所不可少的

贾琏又不敢造次动手动脚的，因见二姐拿着一条拴着荷包地绢子摆弄，便搭讪着往腰里摸了摸，说道：“槟榔荷包也忘记带了来，妹妹有槟榔，赏我一口吃。”二姐道：“槟榔倒有，只是我的槟榔从来不给人吃。”贾琏便笑着欲近身来拿。二姐怕有人看了不雅，便连忙一笑撂了过来。贾琏接在手里，都倒了出来，拣半块吃剩下的撂在口里吃了；又将剩下的都揣了起来。

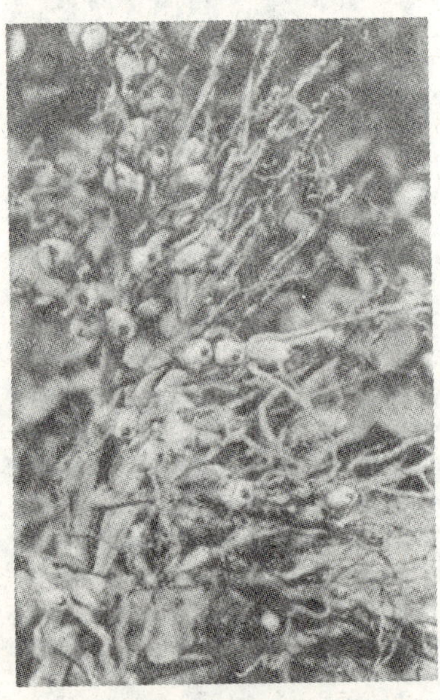

花谢后，青色的槟榔果就生出来了

文中称一颗槟榔为一口，是很古老的用法，唐人段公路在《北户录》里就有“梁陆倕谢安成王赐槟榔一千口”的话，可见其由来。

槟榔的好处与坏处

槟榔一直有着很高的身价，明人谢肇淛在《五杂俎》卷十一里引述一般人对槟榔的评价说：“闽广人食槟榔，取其驱瘴疠之气，至称其四德曰：醒能使醉，醉能使醒，饥能使饱，饱能使饥。”清朝的渔洋山人也形容临上早朝还嚼槟榔的程给事说：“趋朝问夜未渠央，听鼓应官有底忙？行到前门门未启，轿中端坐吃槟榔。”这真有点像临进屋开会前，吸最后一口烟的现代人一样。为什么槟榔会由古代崇高的地位，沦落到今天像“过街老鼠”一样地遭人取缔呢？

吃槟榔有许多好处，像清洁并坚固牙齿、健胃助消化、利尿等等功效，这是几千年来一再被中国人所证实的事。但它也有不少害处，像牙齿因长期嚼食槟榔会造成齿髓炎、牙龈炎或牙周病等疾病，更严重的还可能导致口腔癌。第一口槟榔汁通常都要吐掉，鲜血一样的滓汁吐在地上更是其脏无比，难怪不吃的人觉得难以忍受了。口腔癌或其他疾病，是自己的事，把血红的汁液吐在地上，就是妨碍公共卫生而影响到别人的事了，难怪政府要课以重额的罚金。如果有人能把槟榔的成分提炼出来，制成免吐汁的“槟榔口香糖”，或许可以两全其美吧！

燃烧吧，木棉花

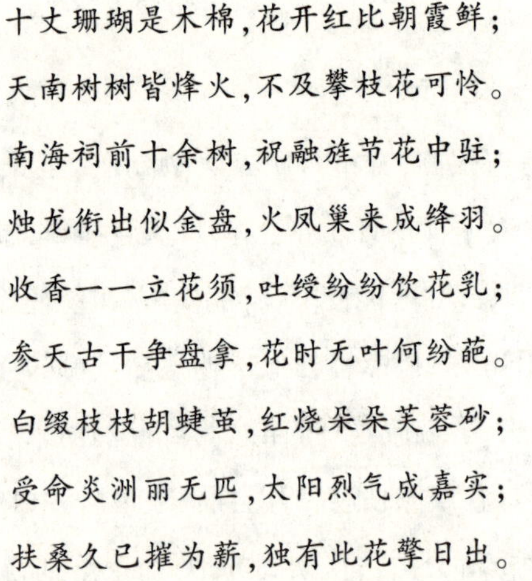

十丈珊瑚是木棉，花开红比朝霞鲜；
天南树树皆烽火，不及攀枝花可怜。
南海祠前十余树，祝融旌节花中驻；
烛龙衔出似金盘，火凤巢来成绛羽。
收香一一立花须，吐绶纷纷饮花乳；
参天古干争盘拿，花时无叶何纷葩。
白缀枝枝胡蜨茧，红烧朵朵芙蓉砂；
受命炎洲丽无匹，太阳烈气成嘉实；
扶桑久已摧为薪，独有此花擎日出。

——清人屈大均《咏木棉》

在所有的树木里，木棉给人的印象最深刻了。

这种落叶乔木的长相就很奇特：树干直立，基部有瘤刺，免人攀爬骚扰；枝条轮生，向四方水平开展，有几分笨拙的模样，却自得潇洒。更奇特的是它生长的时序与所有其他的花木都不相同——入春时，当别的植物纷纷发芽吐蕊、展露生机时，木棉的叶子却枯黄掉落了，让人想起两句唐诗“冠盖满京华，斯人独憔悴”。黄叶在春风里飞舞飘落，到暮春时，它只剩下光秃秃的、张牙舞爪的枝干。而后一夜之间，像奇迹般地在枝间冒出了火红的木棉花，那样的红，那样的艳，像要把树灼烧了一般，那样热情地迎接着即将来临的盛夏，才知木棉的落叶是为了不遮挡花的红颜。等花季过后，木棉花一朵一朵地坠落，无视人们的怅惋，像一个个童年的梦。等花掉得差不多了，它在夏季重又长出新嫩的绿叶来，叶子越长越茂盛，它以满树的绿叶迎接肃杀的秋天和酷寒的冬天，不管其他的植物纷纷枯萎凋黄，一直绿到春神的来临。

生态如此奇特的木棉像什么呢？硬要比拟的话，该说它像失恋的诗人吧！

近人赵少昂《木棉红占岭南春》

印度是木棉的老家，中国人大约在汉朝时就知道这种植物了，因为《史记》、《汉书》、《后汉书》里，都已提到木棉絮所织的白叠布。北魏贾思勰《齐民要术》卷十引张勃《吴录》中的地理志也说“交趾定安县有木绵（棉）树，高大，实如酒杯，口有绵，如蚕之绵也，又可

作布，名曰白緤（叠），一名毛布。”

贾思勰说木棉之絮可以织布，是传闻之误，因为木棉絮只宜填制茵褥，却不宜纺织。但是古籍里把这项错误辗转传抄，像明人李时珍《本草纲目》（卷三十六“木绵”）、杨慎《丹铅续录》（卷八“木棉”）、清人张有谟《景船斋杂记》（卷下）里，都说它“有绵可作布”、“纺织为布，名曰吉贝”。取名“木棉”，正误以为它是木本的棉花。

生长于闽南、或在闽南寓居过的人，就不会以讹传讹了，像明朝时福建籍的谢肇淛，在《五杂俎》卷十里就说：“……棉花虽有草、木二种，总谓之木棉花，其实木种者乃班枝花，非棉花也。”清中叶时曾典试粤东，并遍游全粤的四川籍官员李调元，在其《粤东笔记》卷十三《木棉花》里也说：“木棉花，大可合抱，高可数丈，叶如香樟，瓣极厚，一条五六出，正二月间开大红花，如山茶而蕊黄色，结子如酒杯，老则坼裂，有絮茸茸，与芦花相似，土人取以作茵褥，女工不能治。”最末一句也说木棉絮不能纺织。

其实，一般人并不在意它既不能织布干嘛还叫“木棉”，却每每被它那朵朵又红又大的花吸引得驻足仰首、流连树下。古籍里说它是斑枝花（也讹作攀枝花），正是因为它那一树艳红似火的花朵，把枝干都点缀得斑驳缤纷了。

把木棉形容得最精彩的是清朝初年广东番禺人屈大均。屈大均在其《广东新语》一书里，有三处提到木棉，而以卷二十五的一则“木棉”最传神。他说：“木棉高十余丈，大数抱，枝柯一对出，排空攫拿，势如龙奋。正月发蕾，似辛夷而厚，作深红、金红二色，蕊纯黄，六瓣，望之如亿万华灯，烧空尽赤，花绝大，可为鸟窠。……子大如槟榔，五、六月熟，角裂，中有棉飞空如雪，然脆不坚韧，可絮而不可织，絮以褥以蔽膝，佳于江淮芦花……”

屈大均又说：“南海祠前，有十余株最古，岁二月祝融生朝，是花盛发，观者至数千人，光气熊熊，映颜面如赭。花时无叶，叶在花落之后，叶必七，如单叶茶，未叶时真如十丈珊瑚，尉佗所谓‘烽火树’也……”说它是“十丈珊瑚”、是“烽火树”，说木棉花把人脸都映红了，形容得何等鲜活。

江岸边的木棉又是另一番景观，屈大均在同书里说：“舟自牂牁江而上至端州，自南津、清岐二口而上至四会，夹岸多是木棉，身长十余丈、直穿古榕而出，千枝万条如珊瑚琅玕丛生，花垂至地。其落而随流者，又如水灯出没，染波欲红，自春仲至孟夏，连村接野，无处不开，诚天下之丽景也……”

这样热情如火的木棉树下，自有一些缠绵悱恻的爱情故事；清人彭羡门《岭南竹枝词》有一首说：“木棉花上鹧鸪啼，木棉花下牵郎衣；欲行未行不忍别，落红没尽郎马蹄。”鹧鸪的叫声是“行不得也哥哥”，可是生离死别总似木棉落花一般的无奈。

您留意过木棉花吗？您也喜欢这位失恋的诗人吗？在罗斯福路、光复南路、仁爱路三段、忠孝东路三四段的路旁，每年初夏时，木棉花总盛开着呢！别忘了抽空去欣赏这一年一度的丽景。

消暑解渴谈西瓜

在炎热的夏天里，咬一口冰冻的西瓜，的确是至高无上的享受，也驱走了不少炎暑所带来的焦躁。

西方传来的瓜

西瓜，从名称来看，似乎原来并非中国本土所产，而是经由西域输入中国的一种瓜果。

事实也是如此，虽然现今西瓜遍生于中国、高加索、波斯、土耳其、南俄与欧洲多瑙河下游一带，但根据西方学者恩格勒（A.Engler）的考证，西瓜的原产地是南非，后来才由埃及传入东方的。这种移植的行动在远古时代已经开始，在纪元前已传入亚洲与南欧了。

西瓜何时传入中国的呢？

从文献记载来看，西瓜之名不见于《尔雅》，较早的《本草》与《齐民要术》等书籍中，也不曾提到它，似乎可以确认古代中国没有西瓜。史书上有两则与瓜有关的纪录，所云是否就是西瓜，也颇引起了一番争论。

第一则记载见诸《梁书》，说南北朝时代的梁朝，在豫章南昌有一个五岁的孝子滕昙恭；他母亲杨氏病热，思食寒瓜，当地却不产。昙恭年纪虽小，却懂孝顺，他四处寻求寒瓜而不可得，衔悲哀切；大人们也帮着去找，终无结果。突然有一个和尚登门拜访,问小孩哭什么;昙恭把母亲患病想吃寒瓜,却无法寻得的事告诉了和尚。和尚说:“我正好有两个,送一个给令堂好了。”昙恭高兴地拜谢僧人,捧着寒瓜到母亲面前。一屋子的人都惊讶万分,匆匆出门来看时,哪里有什么和尚的踪影。

说这个故事里的寒瓜就是西瓜,严谨一些的读者会以为证据薄弱。虽然后来的中国人把西瓜也叫做“寒瓜”(如明人李时珍《本草纲目》),但却不能追溯到南北朝时是否已经如此。

另一则故事见诸宋人陶穀的《清异录》,说五代时吴越王钱镠曾作“瓜战”以消暑:“钱氏逃暑,取一瓜各言子之数,言定剖观,负者张筵,谓之‘瓜战’。”这条记载虽然只笼统地说

南宋佚名画家笔下的白皮西瓜

“瓜”,但其子可以计数,钱镠“瓜战”时所使用的瓜极可能就是西瓜。这是公元十世纪下半叶的故事。到底是当时江南一带还没有“西瓜”的名称,还是《清异录》的作者省略了“西瓜”的“西”字,就不得而知了。

最早正式提到“西瓜”的是十世纪中叶的胡峤。宋人欧阳修在《新五代史》卷七十三《四夷附录》里,根据胡峤的《陷虏记》说,随着萧翰入使契丹的胡峤,在公元九四七年至九五三年间旅居契丹时,平生第一次吃到西瓜,并且详加介绍这种中原罕见的水果说:“传闻契丹灭回纥,得西瓜种,契丹人栽此植物覆以畜粪,盖以垫席。果大似冬瓜而味甜。”回纥国土在契丹的西边,契丹人从回纥人传入了西瓜,并在中国长城以北的塞外地区加以繁殖。“西瓜”之名是胡峤根据它的由来所首创的吗?史书上并没有进一步的说明。

从《新五代史》的记载判断,胡峤在公元九五三年归国时,

宋人秋瓜图

并未把西瓜的种子带回中国。首先把西瓜引进中国的应该是洪皓（公元一〇九〇——一一五五年）。

洪皓是南宋金国大使，在金国居留了十五年（公元一一二九——一一四三年）。他在《松漠纪闻》里回忆金国风物时说："西瓜形如扁蒲而圆，色极青翠，经岁则变黄，其瓞类甜瓜、味甘脆，中有汁尤冷，洪皓出使携以归。今禁圃、乡圃皆有，亦可留数月，但不能经岁仍不变黄色。"

金人（女真）属通古斯族，他们种植西瓜很明显地必是学自契丹；十二世纪时，金人占有东北和黄河下游的豫、鲁、冀一带。当时这些地区必由金人推广而开始种植西瓜了。洪皓的"携以归"，是把西瓜由黄河下游引进长江流域来栽培。

如果五代时钱镠"瓜战"的瓜是西瓜，似乎江南地区不待洪皓在十二世纪中叶时引进，已早有西瓜了；有些学者采取折衷的看法，以为十二世纪中叶以前，中原已有西瓜了，但一来种植不广，二来未有专名，所以知道的人不多（像胡峤就不知道），直到洪皓出使金国携归瓜种，才开始在江南大量地栽培西瓜。至于钱镠"瓜战"所使用的瓜，或许是西汉时张骞从西域带回来的种吧。

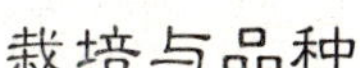

西瓜引进中国后，大江南北便出现一片片绿色瓜田的风光了。但江北种西瓜要比江南来得普遍，因为西瓜喜欢干旱的气候和沙质的土壤，而华北地区正具备了上述的两个条件。清人

近人陈其宽画西瓜

吴其濬在《植物名实图考》卷三十一“西瓜”条中云：“……山西通志：西瓜今出榆次中郝、东郝、西郝三村。一种黑皮黄瓤绛子，一种绿皮红瓤黑子，子有文，名刺麻瓜；一种绿皮红瓤红子，名蜜瓜，味殊甘美，今已入贡。市廛售者，有一种三白瓜，皮瓤子白，味绝美……江以南瓜盖鲜。余所至如湖广之襄阳、长沙，皆有瓜畴。江西赣州，瓜美而子赤，丰城濒江亦种之。滇南武定州瓜，以正月熟，上元馔瓜，镂皮为灯。物既非时，味亦迥别……”概略地说明了当时大江南北瓜田分布的情形。

关于西瓜的栽种，可谓十分辛苦而麻烦；无论瓜种的选择，瓜秧的培植、瓜实的看护，都须特别当心。如果照顾不周，虽然依旧可以“种瓜得瓜”，但西瓜的品质就差多了。

选瓜种，以瓜子颗粒大、当年种最佳，如果瓜子保存了两三年再种，生出的西瓜品质就差了。

一般都在二月下种，把瓜子埋入土中，等瓜秧出土后，需要分秧（汰弱留强）、翻蔓（避免蔓上生根）、摘花（摘去多余瓜花、一蔓一瓜最宜）。平日更需勤于松土培根，定时施肥。西瓜的肥料以人、鸡粪、豆饼最佳，兼有壮秧、护根、杀虫的功效。

当花落瓜生时，瓜田里开始用芦席搭起三角形的小瓜棚，幼瓜的照顾尤其费心，天热怕晒，要用大南瓜叶或其他东西把幼瓜一个个遮盖起来；天雨怕烂，又须不时排水检视；白天捉虫除草，夜晚还要严防地鼠侵袭，真是“粒粒皆辛苦”啊！

西瓜在七、八月成熟，瓜农却要在瓜熟至七分时预先摘下，以便运销。西瓜也因品种的不同，成熟的时间有早有晚。像在台湾四、五月时就可吃到绿皮黄瓤黑子颗粒小的小玉西瓜，五、六月时，大粒的红瓤西瓜也上市了，此后这两种西瓜一直可以吃到九、十月以后。

更奇妙的是台湾因气候的关系，西瓜还可以在八月下种，十一月成熟。在往昔，这种西瓜是专门进贡到北京当作庙祭或祝寿之用的。清初人赵翼在《陔馀丛考》卷三十三里说：“西瓜……台湾则并种于秋，至十月采取贡入京以备腊月庙祭之用。”在康熙时，更因三月半入贡北京作为康熙皇帝生日的贺礼，台湾贡瓜还博得了“万寿果”的美名哩！

这种贡瓜的情形，到了清道光五年（公元一八二五年）左右才废止了，台湾贡瓜的瓜种都是清廷从大陆选择最上等的品种运来台湾种植的，所以台湾往昔也以生产品质优良的西瓜而著称。

谈到西瓜的种类，真是各地有各地的佳种，像冀南所产皮肉子俱白的“三白瓜”，鲁北德州状如冬瓜、翠皮黄瓤的“西洋枕”，热河张家口可存放一年以上、红沙瓤的“铺沙西瓜”，绿皮黄瓤、一拍即开的“打瓜”，甘肃所产绿皮红瓤黑子、重三四十斤的“刘关张”，兰州的“砂田西瓜”，上海三林塘翠皮白肉的“雪瓤瓜”，戴家滨的“滨瓜”，宝岛屏东的西瓜等等，都十分有名。

吃西瓜的方法

一入暑，街头就有吆喝叫卖西瓜的小贩了。台湾卖西瓜的只喊“西瓜——”，大陆北京的瓜贩花样就多了：“块又大、瓤儿又高咧、月饼的馅来，一个大钱来。”（清人闲园鞠农《燕市货声》六月）也有吆喝“吃来——弄块尝啊——甘蔗的味儿来两个大来——两个大钱来。”（民初李炳卫等《民社北平指南》）真是不一而足。

清人顾铁卿在《清嘉录》卷七“立秋西瓜”一则里，则说苏州人是在七月立秋前后吃西瓜的：“立秋前一月，街坊已担卖西瓜，至是（立秋），居人始荐于祖祢，并以之相馈贶，俗称‘立秋西瓜’。”

吃西瓜的方法很多，可以分西瓜瓤、西瓜盅、西瓜皮、西瓜子等几种来谈：

西瓜瓤　西瓜瓤可以不加佐料的清吃，也可以加精盐或胡椒盐来咸吃，也可以把瓜瓤打成果汁吃，都各有风味。

西瓜盅　把西瓜切下顶盖，挖去里面的瓜瓤瓜子，再把干贝、鸡肉丁、猪肉丁、火腿屑、红枣、莲子等东西放进瓜壳里，加入适当的调味料后，把顶盖用牙签插封好后，放到磁器或电锅之中，隔水清炖，等其中食物熟烂之后，吃起来不但清鲜味美、又可消暑解热，是一道上等的名菜。

这种瓜盅也可以用冬瓜来炖，据说晚清的慈禧太后，就特别偏爱这一道菜。

西瓜皮　一般人只吃西瓜的瓜瓤，瓜皮就丢入垃圾桶里去了。其实瓜皮的养分也很多，据说啃食瓜皮白肉味淡的部分，可以降低因血脂肪过高所引起的高血压。

又，把西瓜皮洗净以后，切成薄片晒干，再切成细丝，然后和红枣椒同炒，吃起来清香爽脆，是下酒搭饭的佳肴，让人百吃不腻。此外，把瓜皮切成小块，略晒之后，用盐或糖或酱浸渍，也可做成香脆的"酱瓜"，是配粥的最佳小菜。

西瓜子　不仅瓜瓤、瓜皮可吃，连瓜子也可以吃，西瓜是没有一点废物的水果。瓜农为了收瓜子，有时还欢迎人们到瓜田里吃免费的西瓜呢——只要你吃完瓜瓤后把瓜子留下。

西瓜是夏天里最好吃的水果之一，除了消暑解渴外，它还有利尿、解酒、提神、开胃的功效。不仅西瓜皮可吃，瓜皮的汁液搽在皮肤上还有美容的效果，难怪西瓜是夏天里最受人们欢迎的恩物。

果中尤物话荔枝

五月闽南荔子丹，摘来宜荐水晶盘；
色欺鹤顶霞新染，光夺龙睛露未干；
曾得汉皇陪上苑，又随星骑贡长安；
紫微垣底分尝处，顿觉琼浆溢齿寒。

——明人洪遂初《咏荔枝》

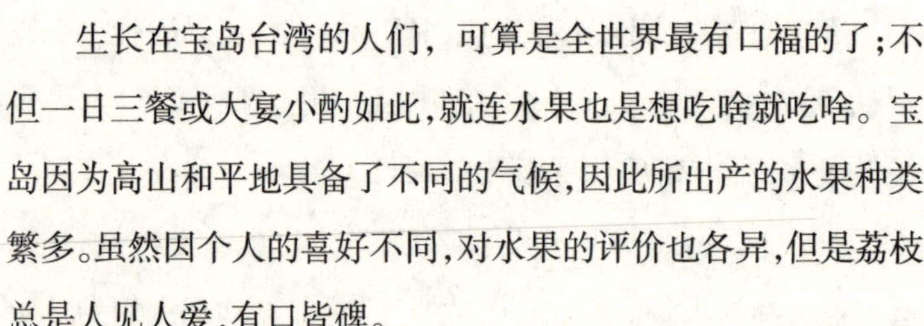

生长在宝岛台湾的人们，可算是全世界最有口福的了；不但一日三餐或大宴小酌如此，就连水果也是想吃啥就吃啥。宝岛因为高山和平地具备了不同的气候，因此所出产的水果种类繁多。虽然因个人的喜好不同，对水果的评价也各异，但是荔枝总是人见人爱，有口皆碑。

疑如水晶不可名

据明人李时珍《本草纲目》卷三十一所载，荔枝也叫做“荔支”或“离枝”，因为这种属于无患子科的植物在结实时，枝弱而蒂牢，不可摘取，只能用刀斧劙取其枝，所以叫做“劙枝”，而“劙”音“利”，后来又转成了“荔支”。又因为荔支之实离开本枝后，一旦色变、三日味变，所以也叫做“离枝”，汉朝的大文学家司马相如在《上林赋》里，说到荔枝时用的就是“离枝”这两个字。

这种“剥之凝如水晶，食之消如绛雪，其味之至，不可得而状也”（宋人蔡襄《荔枝谱》中语）的水果，获得了历代文人雅士的最高评价；像清朝时一位著名的生活情趣的鉴赏家张潮，在其《幽梦影》一书中，就有这样的话：“笋为蔬中尤物，荔枝为果中尤物，蟹为水族尤物……”前引明英宗年间的洪遂初所写的《咏荔枝》，也是对这种水果赞誉有加。

再往上溯，宋朝时，最喜欢牡丹花的大文豪欧阳修，曾在蔡襄的《荔枝谱》里写过一篇《荔谱后》，把名花和名果相提并论，认为牡丹花绝美而没有佳实，荔枝果绝味而非名花，正因为这两种尤物不兼万物之美，所以能各得其精；可谓荔枝的知音了。

宋朝时还有一位大文豪苏东坡，更为这种晶莹爽脆、酸酸甜甜的水果神魂颠倒地说：“日啖荔枝三百颗，不妨长作岭南人。”三百颗荔枝约有七、八斤，全吃下肚，还真得有一番“好撑船”的肚量哩！

无人知是荔枝来

提起荔枝，总令人想起爱吃荔枝的杨贵妃来。

据《新唐书》杨贵妃传上的记载，故乡盛产荔枝的杨贵妃喜欢吃新鲜的荔枝，而江北只有荔肉干，唐明皇便命人经由驿站，日夜飞驰地把荔枝运到长安来。

民初岭南画家高剑父《蝉鸣荔熟》

长安回首绣成堆，山顶千门次第开；

一骑红尘妃子笑，无人知是荔枝来。

唐人杜牧的这首七绝咏的就是杨贵妃吃荔枝这件事。

这小小的果实虽然博得了佳人一笑，却害苦了运送的人马。盛唐杜甫的古诗《病橘》说：

忆昔南海使，奔腾献荔支；

百马死山谷，到今耆旧悲。

北宋苏东坡的《荔枝叹》说：“十里一置灰尘飞，五里一堠兵火催；颠坑仆谷相枕藉，知是荔枝龙眼来，飞车跨山鹘横海，风枝露叶如新采；宫中美人一破颜，惊尘溅血流千载……”都是形容负责运输荔枝的人马的辛苦，和为了一人口腹之欲所付出的昂贵代价。

古代有三处盛产荔枝：一是福建、一是两广、一是四川。从福建或两广到长安，总有四、五千里的距离，以当时最快的“银牌急脚递”来负责运输的话，也需要十天八天的时间。而荔枝是“实离本枝一日而色变，二日而香变，三日而味变，四、五日外色香味尽去矣。”怎样才能让杨贵妃吃到新鲜美味的荔枝而笑逐颜开呢？由于四川省距长安近，后人推测唐朝时杨贵妃所吃的是四川省所出产的荔枝。

也有人持另外的看法，一说是连树带实地运到长安，半熟的荔枝到长安时正好熟透，在长安摘下，便新鲜可口了。又有人说在岭南摘下鲜荔枝，荔枝都留蒂寸许，以腊封蒂口以防水分减少而变干，再把荔枝装进密不透气的容器中，运送时把荔枝放在阴凉处，便可以保持其色香味了。

不管从哪儿、用啥方法，身居长安的杨贵妃却每年夏天都吃得到鲜荔枝。她只贪图荔枝的味美，忘了这是性热大补的水果，结果，吃得太多而上火得了龋齿病。元人杨维桢便说：

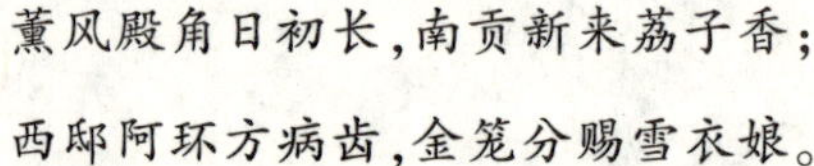

薰风殿角日初长，南贡新来荔子香；
西邸阿环方病齿，金笼分赐雪衣娘。

明十竹斋套色木刻版画《荔枝图》

宋徽宗笔下的荔枝

杨贵妃或许因为过度地享受而“折福”，最后落个不得善终；天宝十五年（公元七五六年）六月，贵妃在马嵬坡佛堂前被士卒勒死后，南方当年进贡的荔枝刚好送到，这回她再也不能享受了，明皇只好以荔枝来祭祀她。

荔树北移难胜天

其实，千里迢迢地把鲜荔枝往北方运送并不始于唐明皇，早在汉朝时就已如此了。

据蔡襄《荔枝谱》说，汉初时南粤王尉佗以荔枝为方物向北方进贡，于是“东京交趾七郡贡生荔枝，十里一置，五里一堠，昼夜奔腾。”

不仅贡生荔枝而已，汉武帝在元鼎六年（公元前一一一年)平定南越时,还由岭南移植了上百棵的荔枝到长安的“扶荔宫”里。可惜由于气候水土的不适合,这种属于亚热带的水果在北纬三十五度的长安城里,没有一棵能活的。以后连着好几年,一直企图把荔枝树移植到长安,都没有成功。有一次有一株活了,却不会结实,武帝对于这株幸存的荔枝树十分珍爱。有一天,这株在长安宫廷中勉强存活的荔枝树也枯萎而死了,武帝大怒,负责的园丁典吏有好几十人被处死。

武帝后来虽然放弃了移植荔枝树的念头,岭南的荔枝仍然年年运到长安;邮传者疲毙于道,苦不堪言。这种情形一直维持到东汉安帝时,才因交趾郡守的进谏而停止了荔枝的进贡。

历史往往一再重演,宋朝时也有皇帝企图把荔枝移植到北方;宋人王明清在《挥麈后录》里,说宋徽宗在汴京名园艮岳中种植了四方之奇木名花,像枇杷、橙柚、橘柑、荔枝等树木,宫匠克服了气候的差异而把这些树木都种植得欣欣向荣。

怎样才能使原先生长于热带的树木,也能适应北方苦寒的气候呢?这是一个属于植物学上有趣的问题。宋人朱弁曲在《曲洧旧闻》里说:南方的树木移植到北方后,常因苦寒而萎死。如果在寒冬腊月时,把北移的南方树木挖起,去根旁之土,而以麦糠厚厚地裹覆在根的四周,再用火燃糠,把糠烧成灰以后,一同埋回土中,一两年后,就能结实;每年如此,树就像生长在南方一样。这种方法有点类似医生在人身上灸艾一样,应该脱胎于唐人冬日以硫磺蒸熏植物使其不按节令开花的“窖花”法;北宋徽宗艮岳中的荔枝树大概就是这样移植的吧!由此亦

可见中国人在园艺学上的造诣。

陈紫宋香称上品

最后，我们再来谈谈各种名贵的荔枝。

受到气候土壤的影响，中国荔枝主要产于福建、两广和四川几省，此外，云南和台湾省也有出产，却是由闽、广移来的种。明人李时珍在《本草纲目》卷三十一中说：“荔枝，其品以闽中为第一，蜀州次之，岭南为下。”这种说法或许明朝时情形如此，在今日看来，各地有各地不同的品种，其品质高下也难分轩轾。

好的荔枝颗粒大、皮薄、肉厚、核小，味甘酸适中，食之无渣、食后不涩，以这个标准来看，各地都有不少品质甚佳的荔枝。

先说福建，福建的泉州、福州、漳州和兴化府（今莆田县）这四处是盛产荔枝的地方；其品种最佳的有陈紫、宋香、方红、江绿、十八娘等等。其中陈紫、宋香都是莆田出产的名贵荔枝。

莆田在宋朝时就以出产上品荔枝而闻名海内了；蔡襄《荔枝谱》中便说：“莆阳荔枝甲天下”。因此，莆田也称作“荔城”。陈紫也叫陈家紫，在宋朝时便名噪全国，宋人范成大说：“今天下荔枝当推闽中为第一，闽中又以莆田陈家紫为最。”品质怎样好呢？明人李时珍说：“大径寸余，香气清远，色紫壳薄，瓤厚膜红，核如丁香母，剥之如水晶，食之如绛雪。”

陈家紫在清朝初年还有一株，每颗荔枝折价白银一两；清中末叶时已不存在了。

清人王沄《漫游纪略》里说:“荔枝,莆之枫亭者佳,上品称陈紫、宋香。予七月至莆,有飨枫亭荔枝者,香盈一室,清甘无滓,核细如丁香;问之,果宋香也。访陈紫,曰绝久矣。”

莆田的宋香也叫宋家香,是一株千年古荔。有人说它植于唐代,也有人说是植于汉代的,至今主干虽朽,却枝繁叶茂,照常开花结果。其滋味形状,已见前引《漫游纪略》一书所述。

福建荔枝之著名者,还有螺女江的“玉带束佳人”和仙游的“探花红”。

清人龚炜在《巢林笔谈》里说:“荔枝佳种,上下俱红,中一道白如雪,名玉带束佳人。”这种在明朝万历年间出现的新品种,因为荔枝的外壳上下俱红,中间有一线洁白如雪,除了叫

民初齐白石画荔枝

清吴其濬《植物名实图考》中的黄皮果和荔枝

“玉带束佳人”外，也称作“美人腰带红”。据说这种荔枝能吃下十颗，就酩酊如醉酒了，真是尤物移人。可惜，这株名树已不在了。

产于仙游的“探花红”也是以其艳红的颜色而著称，五代时仙游人徐寅的“咏荔枝”说：“何人刺出猩猩血，深染罗纹遍壳鲜。”大概形容的就是探花红吧！

两广的荔枝在明朝时评价还不如四川，清朝以后，却后来居上了。两广的荔枝约有二十余种不同的品种，而以红罗、胖洞、焦核、沉香、挂绿、桂味、糯米蚕等等最为脍炙人口。

唐人段公路在《北户录》一书里，提到广东高潘的荔枝说："南方果之美者有荔枝，梧州火山者初夏先熟而味少劣，其高潘者最佳，五六月方熟，有无核类鸡卵大者，其肪莹白，不减水晶，性热液甘，乃奇实也。"像鸡蛋大的无核荔枝真是令人垂涎。

桂味荔枝产于广州近郊白云山脚的萝冈洞，其果型中大，略扁，皮壳鲜红中微带青绿色，表面有细密的尖刺，这是其他荔枝所没有的。剥开桂味的皮后，一团雪白的果肉包裹着一个很细的核，吃起来清甜中却有桂花的香味。

糯米餈产于番禺毕村，果型特大，身扁圆而丰满，下端尖削，皮壳鲜红而特薄，糖分浓厚，吃时味道浓饫，如啖糖蜜。

东江下游增城的挂绿荔枝，是广东省最名贵的荔枝了。广州菜贩每每以"增城荔枝"相号召，其实是增城附近的石滩、仙女、朱村、大利、塘美、新联、福和等乡镇所产，并非增城挂绿。

增城挂绿荔枝的外观与一般荔枝无异，剥开壳后，在晶莹洁白的果肉中有一圈绿色的细环，味道也分外甘美。据说南宋帝昺继端宗即位后，避元兵于增城，在荔枝树下休息，因口渴而摘食荔枝。帝昺觉得味道很好，精神为之一振，便解下腰间的绿色御带挂于树上，以示封典，以后这株荔枝树的每一粒果肉就都有一丝绿色的环纹了。

由于这棵在某庙旁，大可合抱的挂绿荔枝树，无论用何种办法分植，都不能成功，因此分外名贵，清朝时便列为贡品，慈禧太后尤其喜欢吃；一等果熟时，邑宰便派人星夜传递至京。

到了抗战胜利后，这棵老树已半枯死了，每年只产几百粒而已，未熟前就被富商大贾订购一空，用来转赠达官显宦，所以一般市面上根本见不到真正的“挂绿荔枝”。

如果你看了本文，食指大动，趁便到市场去买了几斤荔枝回来大快朵颐，吃完后却上火了怎么办？清人朱彝尊在《静志居诗话》里记载了一个法子说：“广东谣谚云‘饥食荔枝饱食黄皮。’注云：‘黄皮果状如金弹，六月熟，其浆酸而除暑热。荔枝餍饫，以黄皮解之。’”吃点黄皮，就万无一失了。

荷花素描

江南可采莲，莲叶何田田。

鱼戏莲叶间。

鱼戏莲叶东，鱼戏莲叶西，

鱼戏莲叶南，鱼戏莲叶北。

汉朝一首无名氏描写江南的诗，儿歌一样浅白质朴的描绘，却令人咏之再三，只觉那一片莲塘就在目前。

荷花还是莲花？一个让人争论的老话题。

虽然莲与荷实际上指的是同一种植物，但两者还是有一点区别。荷花是中国人古老的称法，像《诗经》里说的："山有扶苏，隰有荷华"。莲花却似乎是个受佛教影响而产生的名词，像"妙法莲花经"、"莲台"、"莲座"等等，用"荷"来代替上述名词就有些不伦不类了，而前引"江南可采莲"也是一首佛教传入后才出现的诗。

莲与荷是现代人的俗称，古时候称这种植物为"芙蕖"或"扶渠"（曹植《洛神赋》中说："灼若芙蕖出渌波"）。它的花盛开时称"芙蓉"（古诗十九首里就有"涉江采芙蓉"的诗

睡莲

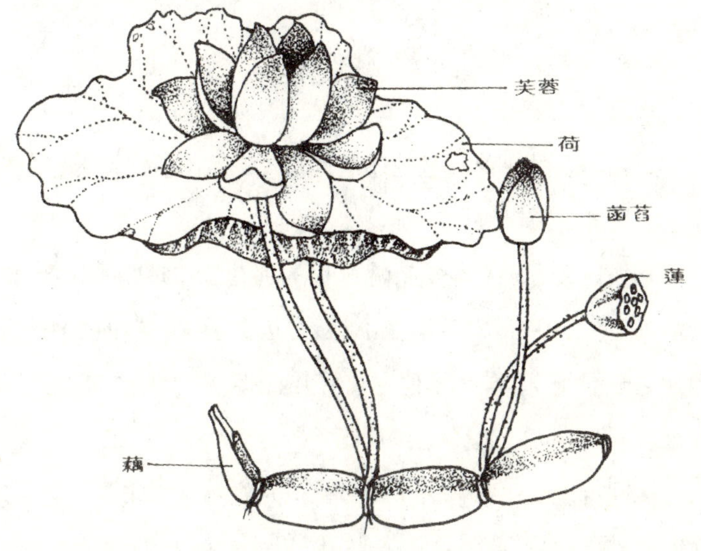

扶渠的各部名称

句），含苞待放时则称“菡萏”（《诗经》陈风的“泽陂”云：“有蒲菡萏”）。“荷”其实是它的叶，“莲”是指它的果实，也称“莲房”或“莲蓬”；其间的子就是“莲子”，泥地里的茎就是“莲藕”，也简称为“藕”。

这样看来，称“莲”或“荷”都只是以局部代全体的用法，但说正确的“芙蕖”，恐怕别人就不懂你在说什么了。

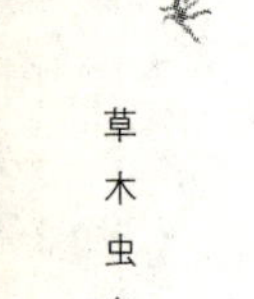

盛夏里，没有什么能像一阵柔风带来的莲叶清香更能消暑的了。抽个空在莲叶焦枯之前，到植物园的莲池走两圈吧，也许除了一池沁人心脾的清香外，池畔还有意外的爱情等着您呢！就像当代画家徐令仪笔下的《荷花鸳鸯》一样。

小娃撑小艇，偷采白莲回；

不解藏踪迹，浮萍一道开。

·

唐朝的刘禹锡曾写过前述这首脍炙人口的五绝诗，把夏日池上的风光，传神地展现在读者眼前。

宋儒周敦颐曾有《爱莲说》，以为莲花“出淤泥而不染，濯清涟而不妖，中通外直，不曼不枝，香远益清，亭亭净植……”而比之于君子，不料在早他之前好几百年，一个无名的小女娃儿，就“直指本心”地爱上了莲花了。

民间传说阴历六月二十四日是荷花生日，因此到了这天，无人不外出赏荷。像明人张岱《陶庵梦忆》卷一《葑门荷宕》所形容的：“天启壬戌（公元一六二二年）六月二十四日，偶至苏州，见女士倾城而出，毕集于葑门外之荷花宕；楼船画舫至鱼艭小艇雇觅一空。”

清朝时人顾铁卿在《清嘉录》卷六里也说：“洞庭西山之址消夏湾，为荷花最深处；夏末舒华，灿若锦绣；游人放櫂纳凉，花香云影、皓月澄波，往往留梦湾中，越宿而归。”

上述赏荷都是欣赏荷花的热闹与灿烂，在《老残游记》里，却描写了另一种赏荷的情趣。老残游山东济南大明湖，在铁公祠东边有一个荷池，绕着九曲回廊：“到了荷池东面，就是月门；月门之东，有三间旧房，上有破匾，题着‘古水仙祠’四个大字。祠内一副旧联，写的是：

宋　冯大有《太液荷风》

一盏寒泉荐秋菊

三更画舫穿藕花

过了水仙祠，仍旧荡船到了历下亭的后面。两边荷叶荷花，将船夹住；那荷叶初枯，擦得船嗤嗤价响，那水鸟被桨惊起，格格高飞。那已老的莲蓬，不断地蹦到船窗里面来。老残随手摘了两个莲蓬，一面吃着，一面船已到了鹊华桥畔。”文笔的优美，也令人叹为观止，尤其难得的是作者所捕捉到的荷池枯萎时另一种萧索落寞的情趣。

凡花色之娇媚者，多不甚香；瓣之千层者，多不结实；甚矣全才之难也。兼之者，其惟莲乎。

清人张潮在《幽梦影》一书里的这段话，把莲花的出类拔萃，作了很精辟的解说，难怪有那样多的人赏莲爱莲。

由于居处的限制，不见得爱莲的人都有一片可以种植荷花的池塘，人们便想出了一个办法，在大水缸里种荷花；这样占地不大，却也能享受到夏荷的无限风情了。近人张大千以泼墨山水闻名于世，对花鸟画也极为擅长；他画有许多精彩的荷花图，而本人更是位爱荷者。在其士林郊区的摩耶精舍里，就养有十几缸品种名贵的荷花，成为他作画时写生的对象。

一般种在缸中的荷花，与池塘里的没有两样，中国人却想出了培植“迷你荷花”的方法；这种迷你荷花的荷叶只有碗口大，花只有酒杯大。在清人沈复的《浮生六记》卷二里，提到了在小盒子里种植迷你荷花的方法说："以老莲子磨薄两头，入蛋壳使鸡翼之。俟雏成取出；用久年燕巢泥加天门冬十分之二，捣烂拌匀，植于小器中，灌以河水、晒以朝阳，花发大如酒杯、叶缩如碗口，亭亭可爱。"夏日，在窗台上放一小盆这种迷你荷花，相信对赏之余必然暑气全消。

莲花灯，莲花灯，

今日点了明日扔。

佛教传入中国后，中国的佛教徒相信西方极乐世界有神圣的莲池，众生皆为莲花化身。莲花出污泥而不染的特异品质，也在佛经中被人们论及；像"文殊师利净律经道门品"中便说："人心本净，纵处秽浊则无瑕疵；犹如日明不与冥合，亦如莲华不为泥尘所玷污。"

正因为莲花是圣洁的象征，所以观音或佛陀要坐在莲座上，或踩立在莲花之上。像唐末五代之间敦煌出土的水月观音绢画，描写南印度婆达拉伽山里坐于池中岩石上的观音菩萨，焕发着一副悠然自得的神采。

正因为莲花的神圣宗教意义，在拯救众鬼的中元节里，放莲花灯也成了例行的法事。僧人燃放的莲花灯象征着净土世界里莲池中的莲花；儿童也提着各式莲花灯游行玩耍。以莲叶、莲花、莲房、莲藕之形状制成了大大小小的灯笼。但这种灯只玩一天，到了七月十六日就得扔入垃圾堆里，所以儿童们一边提灯游行，一边唱道："莲花灯，莲花灯，今日点了明日扔。"从这个举动，也可看出莲灯的宗教意味。

三岁伢，去卖藕，
一卖卖到司门口；
一个姑娘来买藕。
姑娘爱我的好白藕，
我爱姑娘的好白手。

莲不仅可用来观赏而已，也是具有食用价值的植物。

前引这首流传湖北武昌的"姑娘好白手"写卖藕的情形。藕可以生吃、切片烧炒或凉拌、切块煮汤，也可以把糯米灌进藕孔中蒸熟了吃，更可以切片夹肉泥沾麦粉糊油炸成"藕夹"，每一种吃法都十分可口。

老藕因淀粉质丰富，还可以磨成藕粉，再冲开水食用，清凉解暑。杭州西湖畔就有专卖藕粉为点心的小吃店；本省也可以买到袋装的藕粉，可惜其中大多掺了太白粉，纯度不高。

莲蓬中的莲子，也是中国人爱吃的一种食物。莲子长在莲花的花托里，花托自花瓣凋落后，就凸露出它呈倒圆锥形的莲房；莲房有许多小孔，每个小孔内结果实一颗。等莲叶枯萎时，莲子也成熟了，人们便把莲蓬摘下，剥除硬壳，剔去莲心，晒干后出售。

莲子可以和红枣、银耳、桂圆等物一起炖煮，是中国人食谱中的补汤，莲子也可以加工制成糖莲子或莲蓉月饼。

除了莲子和藕外，荷叶也可以烧制风味特殊的食品，这是利用它的清香以入味。

在北京城北的什刹海，茶馆里出售荷叶粥。当粥煮烂时，用一张洗净的荷叶好像锅盖似的盖在锅子上，荷叶的清香就渗入粥中，成了风味特殊的荷叶粥了。茶馆里也卖在粥里加入莲子、葡萄干、核桃和白糖共煮的莲子粥，味道很美。

荷叶粉蒸排骨也是一道名菜，把排骨浸泡在作料中后沥干，沾上蒸粉蒸肉的粉，再用一方荷叶包起，放入笼中蒸熟，排骨肉里就有了荷叶的清香，在南门市场，有一家小魏川菜餐厅，是以这道菜而出名的。

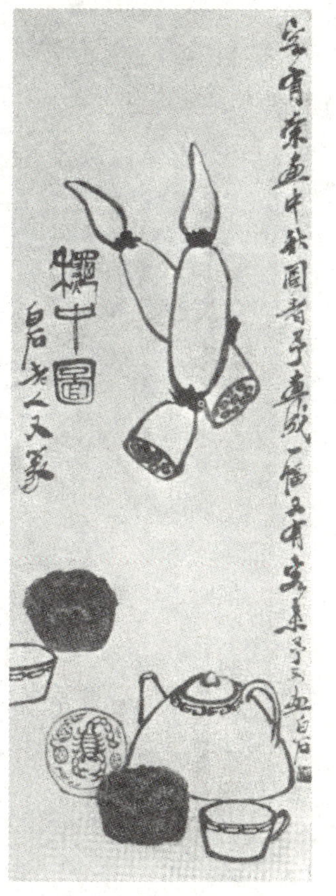

民初齐白石《秋中图》

荷叶的香也可以出现在茶里。清人沈复在《浮生六记》卷二里说：“夏月荷花初开时，晚含而晓放。……用小纱囊撮茶叶少许，置花心。明早取出，烹天泉水泡之，香韵尤绝。”古人生活的物质条件比不上今人，但他们懂得生活情趣，有闲情逸致去追逐享受，花费不多却其乐无穷；这是今人所不及的。

秋菊傲霜开

青丛馥郁早抽芽，金蕊烂斑晚着花；
秋意只应宜淡泊，化工可是惜铅华。
轻烟细雨重阳节，曲槛疏篱五柳家；
暮醉朝吟供采摘，更怜寒蝶共生涯。

——宋刘子翚《咏菊》

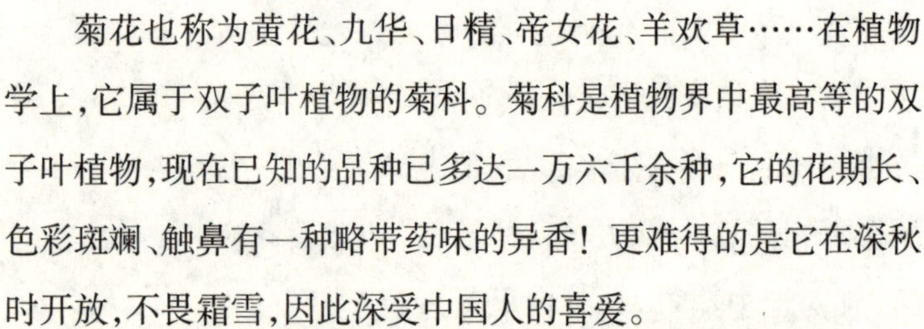

菊花也称为黄花、九华、日精、帝女花、羊欢草……在植物学上，它属于双子叶植物的菊科。菊科是植物界中最高等的双子叶植物，现在已知的品种已多达一万六千余种，它的花期长、色彩斑斓、触鼻有一种略带药味的异香！更难得的是它在深秋时开放，不畏霜雪，因此深受中国人的喜爱。

药菊

菊原产于中国，通常分观赏菊与药用菊两类，药用菊有黄菊、白菊两种。黄菊花花瓣黄色，花心微赤，多产杭州，又名杭菊，白菊花的花瓣白色，花心黄色，多产于安徽滁州，又名滁州菊，都是消暑退火的中药。在炎夏里喝一杯蜂蜜菊花茶，既解渴又降火气。

菊本来被中国人视为药用植物，六朝服食家多半“夕餐秋菊之落英”，关于服菊而长寿的故事也屡屡见诸记载；像宋人李昉《太平广记》卷四一五《饮菊潭水》说：“荆州菊潭，其源傍芳菊被涯澳，其滋液极甘。深谷中有三十余家，不得穿井，仰饮此水，上寿二三百，中寿百余，其七十、八十犹以为夭。菊能轻身益气、令人久寿，有征。”所以菊花又名“寿客”、“长寿花”和“延龄客”。

晋人陶渊明爱菊，他的“采菊东篱下，悠然见南山。”“秋菊有佳色，裛露掇其英。”等诗句，都十分脍炙人口。后世渐以菊花为赏玩之物，于是培养出许多名贵的品种，秋日赏菊也成了一大乐事。

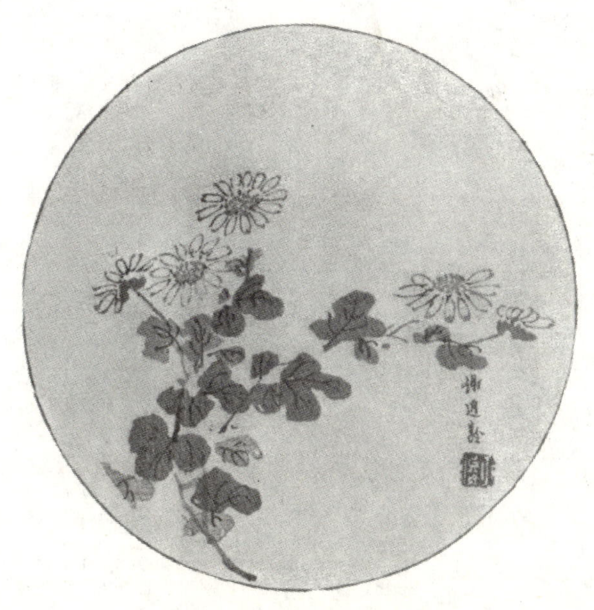

明刊十竹斋画谱中的菊花

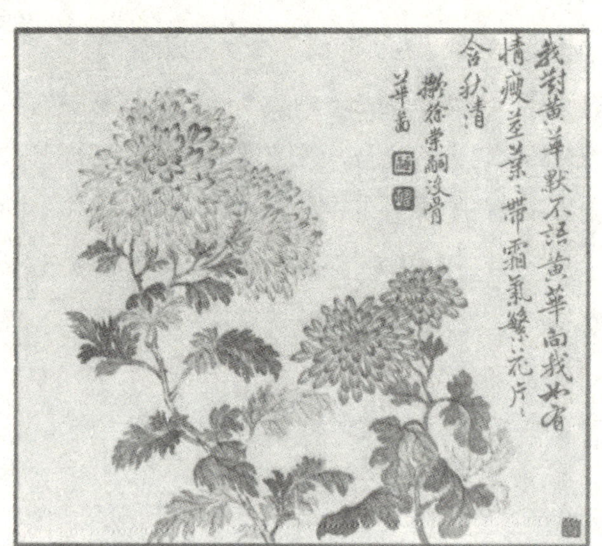

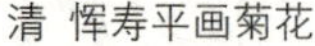
清 恽寿平画菊花

名菊

菊花的品种繁多，以颜色分，有白、黄、金黄、淡红、粉红、深红、桃红、紫、深紫、黑色等等；以花瓣言，有管状、瓣状，有至末端俱管，细心如针，粗仅如绋者，有至末端忽吐颖，尖如箭，小如铫者，有至末口开而内卷，曲如钩，如瓢如匙者，有半管半片，兼生数长管支于外，俗称“飞瓣”者……至于茎之高下粗细，叶之深浅疏密，更种种各异。养菊花的行家，在菊花未结苞前，只要看叶子，就能分辨出它是什么品种，秋后开怎样的花。

在宋人刘蒙《菊谱》、史正志《菊谱》、范成大《范村菊谱》等书中，各列了几十种名贵的菊花，但是集大成的该是明人王象晋《群芳谱》一书，里头列了御袍黄、鸳鸯锦、白麝香、紫牡丹等二百七十五种菊花，可谓洋洋大观。

《群芳谱》上提到的名菊，如“千叶，花初开微黄，花心极小，花中色深外微晕淡，欣然丰艳有喜色，……久则变白”的喜容，“九月末开鹅黄双纹，多叶，一花之间自有深淡两色”的黄二色，“花极白晶莹，瓣如勺长而厚，疏朗香清，中萼黄，开迟最久，径可二寸，残时紫红”的一团雪，“花外单瓣或夹瓣，薄而尖，白而莹，中筒瓣，初鹅黄，后牙色，径可三寸，残则淡红，叶青而狭长而多尖”的金盏银台，“小白花每瓣有黄纹如线，界之为二”的劈破玉，“蓓蕾青碧，花初深紫，后浅紫，气香，瓣初如兔耳，后尖而覆，鬅松而整齐，径二寸有半，叶绿而稀，尖亚细密如缕”的朝天紫，“金红千瓣色如炉金出火”的出炉金，“深红千瓣，中有黄线路”的缕金妆，“淡红千瓣，间有黄色如洒”的洒金红，“初开时数朵淡红、数朵淡黄，迥然不类，半开时五彩宝色，绚烂夺目，开彻则皆淡桃红色”的二色西施……真是姿态万千，美不胜收。

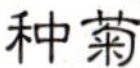

种菊

菊花虽然美艳多姿，但种植起来却也最费人心血。

清人李渔在《闲情偶寄》一书里，曾提到养菊说：菊花颇似牡丹或芍药，因为它们的品种花色都很繁多，并且花期长、耐看。但是种植牡丹、芍药全赖天工，只要冬天浇点肥，夏天洒点水，就自然盛开了。菊花却全仗人力栽培，从培根、蓄子、择地、换土、布子、开畦、栽苗、分芽、分枝、删繁、培土、护叶、扶干、灌水、培肥、扦插、留蕊、捕虫到遮蓬，一年到头都有忙不完的工作。

明刊《金瓶梅词话》描写西门庆重阳赏菊

菊花生来娇嫩，有许多小虫都会侵害它的自然发育，种菊爱菊、视菊如命的菊农们，务必除之而后快。不同的害虫有不同的除法，如果稍一疏忽，就可能花死叶枯、前功尽弃。晚清叶梅夫《养菊法》里，有一则《捕虫》说："虫类不一，初长有黑蚕，咬根并叶，入土者，视入处掘土去之。有虫孕叶之夹层篆蚀，视叶上萦回白缕如涡涎者，以针挑去之。交秋有青虫，叶底结网，又有象干虫贴于枝上，食叶，视根下有粪如蚕沙处，循枝觅叶捕去之。有黑壳黄腹如萤，尾后有钳，曰菊虎，来去甚速，须于午前留心捕捉，若枝已被咬，即于咬处掐去寸余；有蛀虫，乃菊虎于咬处遗子所生，即从损处劈开觅杀之。有食心之虫曰螟、食节之虫曰贼，视干上有孔、孔中有末，以铁丝插入孔内，上半月向上、下半月向下剔去之。有虫曰黑蚰，绵延枝上，以麻裹箸（筷）头，剪齐轻刷之，或以指溅水轻洗之。无故枝叶憔悴，根下必有蛐蟮，急掘土去之。有黄蚰，琐细不可见，密布叶后，枝即枯杀，治法颇多，终归无用，不若竟去其头，俾另生旁枝。有食花之虫，形如形土蚕，藏土中，夜出咬损花瓣，烧灯捕之……"种菊的人忙着除虫，照顾菊花，竟比保姆带小孩还累。

四川冈东一带的种菊者流行一首歌谣："三（月）分根，四扦头，五六水不脱，七八粪常投，九月重阳开绣球。"对种菊作了言简意赅的说明，可供爱菊者参考。

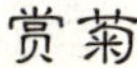

赏菊

正因为养菊费事，当秋天里菊花盛开时，赏菊便成了一件盛大的韵事。尤其在九月九日重阳节这天，更少不了赏菊的活动。

宋朝时，汴京人已在重阳节这天赏菊，孟元老《东京梦华录》卷八说："九月重阳，都下赏菊有数种，其黄白色蕊若莲房曰'万龄菊'、粉红色曰'桃花菊'、白而檀心曰'木香菊'、黄色而圆者曰'金铃菊'、纯白而大者曰'喜容菊'，无处无之……"甚至连酒店都特别用菊花扎成一座"花门"，让酒客从菊花门下进出，喝完酒离开时，还可以拔一枝菊花插在帽檐上呢，真是情趣盎然。

后世依旧盛行在重阳节赏菊花。明万历年间，兰陵笑笑生《金瓶梅词话》第六十一回里就说："话休饶舌，又早到重阳令节……西门庆不曾往衙门中去，在家看着栽了菊花，请了月娘、李娇儿、孟玉楼、潘金莲、李瓶儿、孙雪娥并大姐都席上坐的；春梅、玉箫、迎春、兰香在旁斟酒服侍，申二姐先拿琵琶在旁弹唱……"可见当时富豪之家在重阳节列菊花、置酒会，赏菊宴饮的情形。

清人富察敦崇《燕京岁时记》里也有一首《九花山子》，形容北京富贵人家在重阳节赏菊情景："九花者菊花也，每届重阳，富贵之家以九花数百盆架庋广厦中，前轩后轾，望之若山，曰：'九花山子'；四面堆积者曰'九花塔'。"

形容重阳节前后赏菊情景的文章，当数明人张岱《陶庵梦忆》中的"菊海"为第一，不但文辞优美简洁，也很鲜活地刻画了兖州居民种菊赏菊的盛况："兖州张氏期余看菊，去城五里；

明　陈洪绶《玩菊图》

余至其园，尽其所为园者而折旋之；又尽其所不尽为园者而周旋之，绝不见一菊，异之。移时，主人导至一苍莽空地，有苇厂三间，肃余入，偏观之，不敢以‘菊’言，真‘菊海’也。厂三面，砌坛三层，以菊之高下高下之，花大如瓷瓯，无不毬、无不甲、无不金银荷花瓣，色鲜艳异凡本，而翠叶层层无一叶早脱者；此是天道，是土力，是人工，缺一不可焉。”以上之文作两折起伏，形容张氏菊园中菊花盛开之奇景，以下文笔一转，兼叙兖州人重阳赏菊之俗：“兖州缙绅家风气袭王府，赏菊之日，其桌、其炕、其灯、其炉、其盘、其盒、其盆盎、其肴器、其杯盘大觥、其壶、其帏、其褥、其酒、其面食、其衣服；花样无不菊者。夜烧烛照之，蒸蒸烘染，较日色更浮出数层。席散，撤苇帘以受繁露。”这样盛大其事的赏菊会，真令人悠然神往。

深秋枫叶红

远上寒山石径斜，
白云深处有人家，
停车坐爱枫林晚，
霜叶红于二月花。

——唐·杜牧《山行》

平常里一点也不显眼的枫树，每当深秋霜降以后，忽就那样地红了起来，满山遍野的红叶，像烧天的火海、像泼地的朱砂，把秋天点缀得分外壮丽，惹闲人流连忘返，惹诗人吟咏不置。

且看古代诗人怎样吟咏秋天里的枫树吧：

“秋枫红蜨散”（唐人李咸用诗）
“叶叶丹枫染翠霞”（宋人曾纯甫诗）
“篱枫叶如火”（宋人欧阳修诗）

明朝时钟人杰《过枫林记》中也说：“枫木千本，障天蔽野，了无杂树，时夕照已转林腰，横射叶上，光彩如泼丹砂。”又是何等艳丽的光景？

李灵伽 《红叶题诗》

说枫是秋的化身，该是最恰当不过的了；那一树灼灼的红叶像秋天一样，有庄严也有凄艳，有明丽也有闲寂；耐人寻味，耐人沉思。

深秋时到郊外观赏丹枫，是闲人的雅兴。清人张大纯《百城烟水》里说："常熟吾谷，霜后丹枫，望若锦绣，骚人韵士，往往殇咏其下。"这是常熟人深秋赏红枫的情景。清人顾铁卿《清嘉录》卷十里说："郡西天平山，为诸山枫林最胜处，冒霜叶赤，颜色鲜明，夕阳在山，纵目一望，仿佛珊瑚灼海。……游者每雇山笄（轿），以替足力。"苏州人坐山轿赏丹枫，又是另一番情趣。

枫宜秋，也宜风，当秋风吹拂过枫林时发出的响声，称为

“枫鸣”；清人李调元《粤东笔记》卷十三说：“枫喜风，故从风。岭南枫多生山谷间，罗浮连亘，数岭皆枫；每风起则枫鸣，风去，枫声不止……”难怪唐朝诗人孟浩然要说：“更闻枫叶下，淅沥度秋声”了。

深秋时艳红的枫叶，常带给人几许落寞和哀愁；唐人崔信明说：“枫落吴江冷。”元人王实甫说：“晓来谁染霜林醉，总是离人泪。”其实丹枫给人的愁绪非干秋冷，不是别情，而是美到了极致的境界，就自然会让人产生无端的落寞和哀愁。

枫叶不只是带给人愁情，也曾扮演过红娘的浪漫角色；唐人范摅《云溪友议》卷下有一则《题红怨》说：唐僖宗时，宫人韩氏以红叶题诗：“流水何太急，深宫尽日闲，殷勤谢红叶，好去到人间。”这片题了满怀愁绪的红叶流出御沟时，被偶尔出游的于祐捞拾到了；他便也拾起一片红叶，题了两句诗：“曾闻叶上题红怨，叶上题诗寄阿谁？”放到御沟上流，漂入宫里。恰巧这片红叶也被韩氏拾获。过了好多年，韩氏被放出宫，竟鬼使神差真嫁给了于祐；等两人知道红叶题诗的往事之后，韩氏感慨地又写了一诗：“一联佳句随流水，上载幽思满素怀；今日却成鸾凤友，方知红叶是良媒。”

枫叶为什么一到秋天就变红了呢？宋人王瓘《轩辕本纪》中说：“黄帝杀蚩尤于黎山之丘，掷其械于大荒之中，化为枫木。”说枫红是因为沾染了蚩尤的血。宋人杨万里诗说：“小枫一夜偷天酒，欲倩孤松揜醉客。”说枫树偷喝了天酒才露出醉颜。这当然都只是浪漫的遐想。原来树叶中有一种叶绿素，这种叶绿素受光线温度等外界因素的影响很大，等晚秋天凉时，枫叶叶片内的叶绿素分解消灭，细胞液内又分泌出花青素，所以把枫叶染成了金黄色或艳红色。不光枫叶如此，像槭叶、乌桕叶，都有这种现象。

中国人很早就爱上枫叶了，汉人许慎《说文解字》说："枫，汉宫殿中多植之，至霜后，叶丹可爱，故称'枫宸'。"宸是帝王居住的地方，把汉宫称作枫宸，亦可见枫树受汉人重视的一斑了。

近人翁文炜《御沟红叶》

梅花

梅花是中国的国花。

中国人爱梅是有原因的，不仅因为它是一年里最早开花的花卉，更因为它不畏霜雪的坚贞高洁令人激赏；因此，梅花成了和中国人最亲近的一种植物。

民俗学里的梅花

梅的种类很多，据《西京杂记》、《广群芳谱》等书的记载，至少有朱梅、紫花梅、腊梅（黄梅、绿萼梅）、侯梅、同心梅、胭脂梅、丽友梅、宫城梅、千叶梅、九英梅、品字梅、朱砂梅、铁骨梅等十几种。江南一带，梅树在春初开花，岭南则冬初就开了；所以在民俗学里，每个月各以一种盛开的花卉和与这种植物有关的人物来做代表，称为“十二月花神”，在正月和十二月均是梅花当令，这也可见中国人对梅花的偏爱了。

中国人爱梅的历史有多久呢?上古之人似乎对花卉并不太注意——他们更关心具有实用价值的植物，所以《诗经》里吟咏的不过是芣苢、卷耳、蘋蘩之属，偶尔才提到桃李、棠棣、芍药、菡萏等。至于梅，古代只用它的果实作为调味品，并不太欣赏梅花。《书经》上说：“若作和羹，尔惟盐梅”，梅取其酸，就是我们常吃的“乌梅”。另外在《诗经》卷一召南的《摽有梅》里说：“摽有梅，其实七兮，求我庶士，迨其吉兮。”也只是借梅结

清　吴友如画正月梅花花神柳梦梅

果实的时节来表示婚嫁的吉时，都没有提到梅花或描述梅花的姿色。

六朝以后，咏梅的诗文渐渐多了起来，像唐人戎昱《早梅》七绝云：“一树寒梅白玉条，回临村路傍溪桥；不知近水花先发，疑是经春雪未消。”但唐人犹爱牡丹甚于梅花，到宋朝时，梅花的地位才高居群芳之首。

在宋人咏梅的诗作中，最脍炙人口的也许要算林逋的《梅花》七律了：“众芳摇落独暄妍，占断风情向小园；疏影横斜水清浅，暗香浮动月黄昏。霜禽欲下先偷眼，粉蝶如知合断魂；幸有微吟可相狎，不须檀板共金樽。”林逋字和靖，住在西湖孤山，他不结婚也不做官，在山上种了许多梅花，又在湖边养了许多仙鹤；二十年来，足迹不到市廛，而以读书、赏梅、放鹤自娱，生活悠闲而愉快。别人问他为何不结婚，他说梅花就是他的妻，仙鹤就是他的子；林和靖真是爱梅成癖了。难怪他的《梅花》诗那样生动，那样传神，把梅花的姿态、气质完全表达出来了。

除了林和靖，宋人卢梅坡的两首《雪梅》诗也十分精彩，以雪和梅相提并论，而独出新意：

梅雪争春未肯降，骚人搁笔费评章；
梅须逊雪三分白，雪却输梅一段香。

有梅无雪不精神，有雪无诗俗了人；
日暮诗成天又雪，与梅并作十分春。

说明了梅与雪相得益彰的情形。

梅花在后世为人珍爱的情形在明人谢肇淛的《五杂俎》卷十里，有几句话很扼要：“自暗香疏影之句为梅传神，而后高人墨客，相继吟赏不置，然玩花而忘实，正与古人意见相反。闽、浙、二吴之间，梅花相望，有十余里不绝者。”像江苏邓蔚山的梅林，就有“香雪海”之艳称，可见其规模与声势。

明 陈宪章《万玉图》

古代的画梅名家

诗人以其慧眼灵心吟咏梅花的高洁气质，画家则以笔墨捕捉梅花的神态韵味。

据画史所载，唐代的花鸟画家边鸾是最早画梅的画家，不过此时的梅花是夹杂在丛卉中，并未受到画家特别的重视。到了五代的滕昌祐，才开始单独地描绘梅花。

宋朝时，花鸟画的发展已经登峰造极了，而画梅更蔚为风气，与诗坛的咏梅相互呼应。当时宫廷画院里的画家，往往以勾

张大千《梅花》

勒填彩的技法来画精致工细的梅花，再配上锦雉鸣禽，画面上充满了华丽的气息。而一般在野的文人画家则往往不拘绳墨，而以写意的手法来描绘梅花高洁的气质。

值得一提的是墨梅画的创始。这是十一世纪末叶，一位曾经住在湖南衡岳的禅宗画僧超然仲仁（超然为其出家之名，仲仁为其字，号为华光道人。）从画水墨山水中分化创始的。释仲仁发明了墨梅画之后，获得了当时文人的赞赏，像苏轼、黄庭坚等人，都赠诗给仲仁表示他们对墨梅画的推崇。

释仲仁也是一位爱梅者，他在自家的园圃中植梅数株，花放时，移床花下，终日吟咏以为乐。他的墨梅画到南宋时，有杨无咎承其画风，更创圈花的画法，墨梅画就确立起来了。

元代因外族统治中原，文人雅士多隐居山林而借笔墨以自娱，因此文人画勃兴，他们画梅兰竹菊来表示自己高洁的胸襟与抱负，像元四大家的吴镇与倪云林，都是画梅的能手。元朝末年的王冕，更是画梅专家。他画梅常画一枝梅花，横斜在画幅的中间，枝干一拉数尺长，显出很有劲。枝的梢头露出了笔的尖峰，更突出了它的清拔。十数朵梅花，含苞欲放，洋溢着蓬勃的生气，令人感到醒目清新。他能掌握梅花的典型，而以突出的手法来表现内心的感情，渲染花枝的景色。一幅幅出色的梅画，是他在九里山种梅千株，朝夕相处的结果吧！

明代画梅的专家更多了，陈宪章以密花丛蕊而著名；项元汴以天真雅淡来表现其逸气；陈洪绶以质朴古拙的笔法来画老梅，粗枝以深淡墨积染勾勒，小枝用浓墨，花用细笔圈定，圈外

以墨烘染，衬托出梅花的素洁，这是院体画和文人画的折衷。

明末清初的石涛、八大，都善于画梅，他们以梅花来表达个人的志节风范，以梅花在冰雪中屹立不屈的气质自期自许。清中叶以后的扬州八怪，个个也都是画梅高手，此时的梅画风格已转向狂放，纯粹成为画家寄兴遣怀之作。其后的任伯年、赵之谦、吴昌硕、齐白石、陈师曾等人，也都爱画梅。民国以后，张大千、刘海粟、关山月、高逸鸿、黄君璧、丁衍庸、林建同、郭文远等人，也都有画梅之佳作，这正是国人爱梅的表现。

历代著名的梅谱

国人爱梅的心态，从研究梅画的著作《梅谱》也可略窥一二。

宋代的梅谱有宋伯仁的《梅花喜神谱》、范成大的《范村梅菊谱》、赵孟坚的《梅竹谱》、释仲仁的《华光梅谱》。明朝的梅谱有刘世儒的《雪湖梅谱》、吴大素的《松斋梅谱》和《画梅全谱》、沈襄的《梅花谱》、王思义的《梅花全谱》、周履靖的《罗浮幻质》、黄凤池的《梅兰竹菊四谱》。清朝时则有王寅《冶梅兰竹谱》、王概《芥子园画传》（内附梅谱）、朱方蔼《画梅题记》、查礼《画梅题记》、金农《冬心画梅题记一卷》、郑淳《后梅花喜神谱》等等。限于篇幅，本文只介绍最早的《梅花喜神谱》。

《梅花喜神谱》为宋伯仁编绘、南宋理宗嘉熙二年（公元一二三八年）初刻；相隔二十二年后，于理宗景定二年（公元一

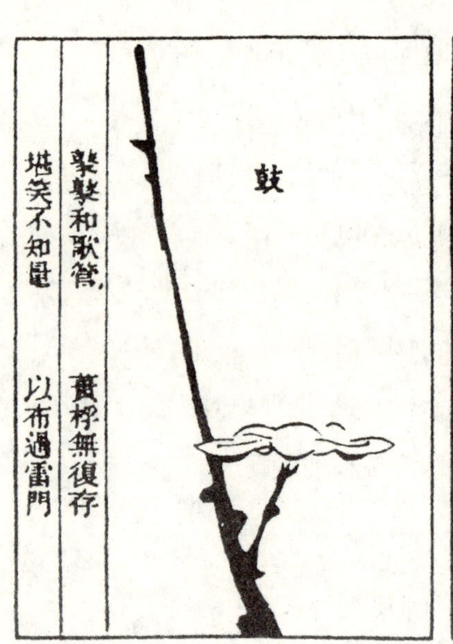

鼓
鼕鼕和歌管，
黄桴無復存
堪笑不知量
以布過雷門

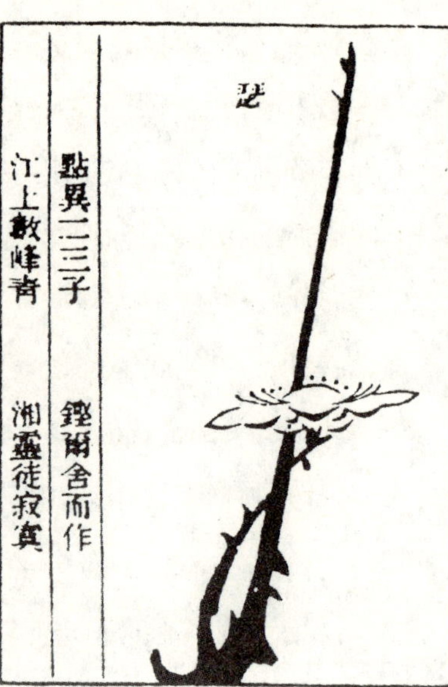

瑟
點異二三子
鏗爾舍而作
江上數峰青
湘靈徒寂寞

宋刊“梅花喜神谱”

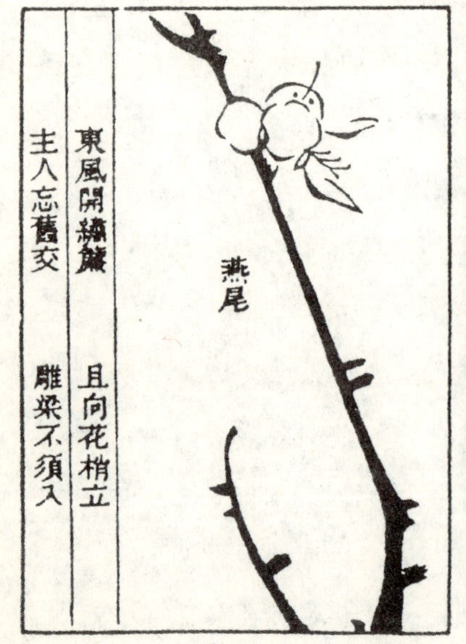

燕尾
東風開繡簾
且向花梢立
主人忘舊交
雕梁不須入

蜂腰
紫陌暖風細
露房山更深
蜜甜不知味
萬花空損心

二六一年）由金华双桂堂重刻，这是一部艺术价值极高的专题画谱，为历代画家、版本家所珍赏。

作者宋伯仁字器之，号雪岩，湖州人，宋理宗时为盐运司属官，著有《西胜集》，工诗喜画梅。他在《梅花喜神谱》序中说："余有梅癖，辟圃以栽，筑亭以对。"这也是宋人爱梅风气盛行的一个例子，只不过一般人止于爱梅、赏梅，而宋伯仁不但画梅，更编绘了这本《梅花喜神谱》。

《梅花喜神谱》分上下卷，描写梅花从蓓蕾一直到结实的整个过程，分成"蓓蕾"、"小蕊"、"大蕊"、"欲开"、"大开"、"烂漫"、"欲谢"、"就实"等八个过程，共一百种花态。每画一花态，配一诗文，并加上如"新荷溅雨"、"松鹤唳天"、"游鱼吹水"、"蜻蜓欲立" 等等雅致的标题。这是从各种不同的角度、各种不同的时间来表达梅花的各种神态；简洁生趣，极富韵味；雕工亦精，相得益彰。

这本梅花谱的刊成，一方面可供初学画者的参考，另一方面也可供博雅君子鉴赏悦情，是部高水准的版画图谱，更重要的，它反映出中国人自宋朝以来爱梅的心态。

鸦片的故事

现代人看过鸦片的，恐怕少之又少；可是就在几十年前，鸦片还与许多中国人结下了不解之缘；再往上溯的一、两百年里，鸦片更对中国的政治社会、民生经济造成了巨大的伤害。清道光年间，中英鸦片战争，只不过是这种伤害的具象化罢了。可以公开吸毒，并以毒品当作社交应酬的工具，这在古今中外都是罕见的情形。鸦片的生态如何？怎样提炼成可供吸食的毒品？瘾君子如何吸毒？吸食后有哪些生理反应？清朝时鸦片买卖的情形又如何？中国人对鸦片浩劫有怎样的看法？这就说来话长了。

美丽的罂粟花

罂粟果实一划开会流出乳白色的汁液

鸦片的生态

可以提炼鸦片的罂粟原产于中亚近东一带，唐朝时，大食人以其为贡品而传入了中国；当时称为“阿芙蓉”，这是阿拉伯语 Afyun 的音译，并且还同时形容了它似芙蓉般的花色。

据《开宝本草》等药书所载，到了宋朝时，人们也称它为“罂子粟”、“米囊子”、“御米”或“象榖”；这是因为罂粟的果实成熟后，里面一粒粒的种子像粟米。由于罂粟具有止泻润燥的功效，人们便把罂粟子研磨成粉后，入水煎汤，再加些蜜糖来饮用。苏东坡的诗就说：“道人解食鸡苏水，童子能煎罂粟汤。”服石之人多内燥，往往也以罂粟汤来调和润燥。罂粟此时，仍只是一味药材而已。

到了明朝中叶后，中西交通渐趋频繁，利用罂粟制成的鸦片，开始输入中国，成为中国人吸食的毒品了。明人李时珍（公元一五一八——一五九三年）《本草纲目》卷二十三里说：“阿芙蓉前代罕闻，近方有用者；云是罂粟花之津液也。”最后一句话稍嫌含混，作为吸食用的鸦片是割取罂粟未熟果实的汁液制成的。

罂粟大约四、五尺高，秋种冬生，到次年春天开出红色、白色或粉红色、碗口大的花。三、四月间，花心会结出核桃大小的壶状蒴果。在果实还是青色的时候，收取鸦片的工人以小刀划破果实外面的青皮，每粒果实直划三道，以不伤到里面硬皮为度，津液便随之渗出了。

汁液刚流出来的时候是乳白色，渐渐就变成红褐色而凝固

右为吸食鸦片者，左为其吞食生鸦片自杀之女

了；工人随后用竹刀把汁液刮入瓷碗中阴干，就成了褐色胶状的生鸦片，也称之为“紫霞膏”。每粒蒴果可以收两次，再划皮时是在第一次刀痕的间隙下刀。通常生鸦片被凝成固定大小的四方块，包在厚厚的牛皮纸中，运销到市场上。

生鸦片不能直接吞服，生吞下肚会致人于死（清朝时，生鸦片随处皆有，比砒霜容易到手，轻生者往往吞服生鸦片自杀。解毒的方法是及时用雄黄二钱、鸡蛋清一枚、生桐油一两，用河水调匀灌服；还有一种解毒方是生捣金鱼灌服），吸食鸦片者得先把生鸦片烧成“烟泡”。

吸食的步骤

把生鸦片放在铜锅里，加雨水（有些地方井水含盐卤，不能饮用）在火上熬化，熬时香味四溢，路人皆知。把鸦片膏熬成稀稠状的鸦片汁后，分倒在几个圆口的小银罐子里。再用一根长约五寸，一头尖细、一头扁平的银签，以银签的尖端挑沾一些鸦片汁，在灯火上捻转烧烤，把汁烤干后，再沾再烤，银签尖端就慢慢累积成像葡萄干一样色泽大小的“烟泡”了。烧一粒烟泡得花上十几、二十分钟，一般的烟馆或吸烟人家，都事先烧好许多烟泡备用，瘾君子如果不急着过瘾的话，彼此边烧着烟泡、边聊天，倒也气氛融融。

烧好烟泡后，把它放在一尺多长，竹制烟枪末端铜质烟斗正中央的尖嘴上，把烟斗就着灯火烧烤，烟泡化成了烟，吸食者就一口吸进肺里。一粒烟泡顶多两三口就吸完了，吸进肺中的滋味又如何呢？清人俞蛟在其《潮嘉风月记》里，转述瘾君子的话说：“其气芬芳，有味清甜，值闷雨沉沉，或愁怀渺渺，矮榻短檠，对卧递吸。始则精神焕发、头目清利，继之胸膈顿开、兴致倍佳，久之骨节欲酥、双眸倦豁，维时拂枕高卧，万念俱无，但觉梦境迷离，神魂骀荡，真极乐世界也。”鸦片如果没有这样的滋味，恐怕也不会勾人上瘾，而被称为“毒品”吧！

吸食鸦片的瘾君子往往有各种怪癖，有的非某种形状大小的烟泡吸起来才过瘾，有的非某种姿势场所吸起来才解馋，形形色色，不一而足。

骨瘦如柴的鸦片吸食者

清人陈森《品花宝鉴》第十八回里，形容吸鸦片的富商奚十一说：“这奚十一要吃大口烟的，菊花替他烧烟，先从半分一口起，加到三分一口方才合意。菊花烧烟的本事甚好，烧得不生不熟，奚十一又喜吃面条烟，将这烟挑了一签子在火上四面的一烧，那条烟就挂得有五寸长，放在斗门口，奚十一沙沙沙的一口吸尽，还闭了嘴，不放一点烟散出来……”半分、三分是形容生鸦片的重量，由行文可见烟泡也有烧成长条状的。

瘾君子百态

清人采蘅子的《虫鸣漫录》卷一里更说：“鸦片之害，毒流中国，按时而吸，名之曰瘾，瘾有绝奇者，初学之时在烟馆，习见敝帷破席而上瘾者，引至洁室华茵，虽倍食之亦无益。他如解衣脱袜而成瘾、或止卧一边而成瘾、或左一口、右一口而成瘾，千奇百态，必如其式始克过瘾。”

瘾君子在抽完鸦片烟后，大多喜欢吃高级水果或精致甜点，免得肺饱胃空，美中不足。等吸饱吃足后，只见他们精神顿健、妙语如珠，可以娓娓清谈到夜深黎明而毫无倦意。鸦片这种“提神解劳”的功效，甚而被人们夸大地渲染成可以作为房事助兴或鏖战之资。殊不知瘾君子这种旺健的精神是向身体预支的，久而久之，整个人就变成槁木死灰了，而与助兴恰恰相反，鸦片实际上是个不折不扣的败肾之物。清人梁恭辰《池上草堂笔记》卷五中说：“朱某言，仕宦场中，多嗜鸦片烟者，或云疲于案牍，食之振起精神；且为花柳场中游荡之助，朱尝于苏州宴会

煙狗

狗吸鸦片也上瘾

间，闻一老妓言食此之弊甚详，言男子初食此烟，房事可以鏖战，妇人食者正可与敌；及其久也，男子肾阳气败，不但不能战，并战具而无之；妇人食久，则精血过伤，亦以房事为苦……”比起这种戕害，鸦片能使吸食者便秘一事，反倒成了“小过”一桩而已。

应酬之工具

清朝后，吸鸦片的中国人愈来愈多，街上的鸦片烟馆也比栉林立。鸦片烟土的大量输入，固然是造成上述情形的原因之一，但是中国人对吸食鸦片不以为非的观念，更助长了抽鸦片的风气。鸦片在当时，就和今天的香烟一样，成了社交场合应酬的工具。清人焦东周生《扬州梦》卷三里有一段话说：“诚以往来酬应，烟灯对卧，则心无不谈，谋事甚易；有时吸数口，相火乃旺，精神若一振。无事醉眠，如饮酒微酣，魂荡欲仙。至游狭斜，以此为富贵本色，诸姬敬客，羞言不能，诚实者遭美人坚请，情似难却，初亦留神，或隔日不食，谓可无事，不知已上瘾矣！”对鸦片风行的原因作了很有见地的分析。

更糟的是有钱人家，在子弟年过三十，生下两三个男孩后，往往鼓励他们抽鸦片。认为吸食鸦片顶多使人变得消极懒散、身体虚弱而已，绝不会再有精神力气去为非作歹，惹出不测之祸。鸦片又不贵，花不了几个钱，抽鸦片比让他们去狂嫖滥赌、倾家荡产可要好得太多了；于是抽吧，抽鸦片的人坏不到哪儿去，抽鸦片的中国人就愈来愈多了。

宋人画罂粟花

据清人梁绍壬《两般秋雨盦随笔》(序刊于道光十七年)卷四说,在鸦片最猖獗的清中叶,市面上流行的鸦片因产地、品质的不同分为乌土、白皮和红皮三种,由专门载运的大艘"趸船"经由"快蟹艇"或"扒龙船",从广州转运给大小城市包卖的"窑户"而行销全国。一年输入的鸦片约两万多箱,其中乌土约八千箱,每箱约八百圆,白皮约一万三千箱,每箱约六百圆,红皮约二千箱,每箱约四百圆,因此一年耗费洋银约一千五百万圆。

到了道光十八年,进口的鸦片更激增至四万余箱;不仅国民经济受其剥夺,而国民健康受害尤烈。湖广总督林则徐有鉴于此，上疏奏请朝廷颁令严禁输入，并禁止人民吸食，于是才有道光十九年六月三日，将广州外国商行缴出之数万箱鸦片在虎门焚毁的快事。可惜次年英军发动鸦片战争，北陷定海、白河，清廷连忙乞和签约割地赔款，于是禁烟之事再也没人敢提了。

历史的浩劫

可以公然吸毒的局面，一直到成立国民政府后，才逐渐地纠正过来，而鸦片早已造成无可弥补的祸害了。对于中国近代史上这位“罪魁祸首”，晚清的文人俞樾曾有一番乡愿式的说

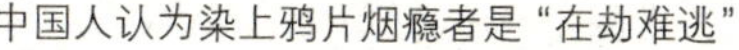

中国人认为染上鸦片烟瘾者是“在劫难逃”

辞，代其脱罪。在其《右台仙馆笔记》卷二里，转述绍兴老儒王致虚的话说，在乾隆末年，绍兴有位诸生贾慎庵，有一天贾某魂游地府，看见阴间鬼卒用大石头在榨死人膏血，用盆子承接了装进大木桶里。他不明白这些膏血收集了有何用途，恰巧遇到死去的邻人周达夫，周某告诉他，造物者要把死人膏血灌进罂粟花根部，使它结的果实可以熬炼成令人上瘾的鸦片。

当时鸦片还不太流行。贾某问鸦片是什么东西。周达夫说："方今承平日久，生齿繁衍，宜有大劫销除。而自来大劫无过水火刀兵之类，遇此劫者，贤愚同尽；福善祸淫之说，往往至此而穷，是以上帝命诸神会议，特创鸦片烟劫，借世间罂粟花汁熬炼成膏，供人吸食。食此烟者在劫中，不食此烟者不在劫中，听其人之自取，不得归咎于造物之不仁，而有此劫以销除繁衍之数，则水火刀兵诸劫可以十减五七矣。"

受到鸦片毒害的中国人已经够倒霉、够悲惨了，居然还说他们是应该的、命中注定的，人太多就该"做"掉一些，用鸦片总比用兵刀水火好多了，这是怎样混账的论调哪！

鸟鸣千啭报春归

唐人韩愈说:“以鸟鸣春”,清人张潮说:“春听鸟声”,意思都差不多,说在百花齐放、春光明媚的时节里,叶底林梢总传出婉转悦耳的鸟鸣声,像是提醒着步履匆忙的人说:“春天来了。”

鸟的叫声可分两种,一种是和人言联想不到一块儿的,像清人李元《蠕范》卷三说:“凤曰节节足足,䴕(啄木鸟)曰剥剥卜卜,鹎鵊曰架架格格。”又如庾信《春赋》:“新年鸟声千种

日人渡边省亭《山茶花与百舌鸟图》

啭。”《西厢记》：“似呖呖莺声花外啭。”另一种则是可以和人言联想到一块儿的，像竹鸡叫声像说“泥滑滑”、鹧鸪叫声像说：“行不得也哥哥”、糠鸠像说：“提葫芦”、斑鸠像说：“呱呱无屋住”，较前一类的鸟更饶兴味，有人干脆就以其鸣声作为它的俗名。

宋朝的大文豪欧阳修，在贬为湖北黄州夷陵县令时，赶上春天，听见乡野的鸟鸣，便写了下面这首《啼鸟》：“穷山候至阳气生，百物如与时节争，官居荒凉草树密，撩乱红紫开繁英。花深叶暗耀朝日，日暖众鸟皆嘤鸣。鸟言我岂解尔意，绵蛮但爱声可听；南窗睡多春正美，百舌未晓催天明。……陂田绕郭白水满，戴胜穀穀催春耕；谁谓鸣鸠拙无用？雄雌各自知阴晴；雨声萧萧泥滑滑，草深苔绿无人行；独有花上提葫芦，劝我沽酒花前倾……”百舌、戴胜、（斑）鸠、泥滑滑、提葫芦……全都是鸟的名字。

这些叫声好听、引人联想的鸣鸟，都各自有些趣味的掌故，也一再地惹诗人吟咏、画家描绘，它们已成了文人理想的田园生活中不可或缺的点缀了。

春天里头一个鸣叫的鸟，也许是百舌鸟吧，这种长相似八哥而小，短尾无冠，苍黄色的鸟儿，在春天刚来到时，鸣声是“春起也”，因此它也叫“唤春”、“报春”或“春鸟”（其他名称还有“翠碧”、“反舌”、“祝鸠”、“牛屎八哥”等等——最后一个俗名的由来是它身上有股牛屎臭味）。

百舌飞得高，鸣得亮，能学各种鸟叫声，所以说它有一百个

舌头；它可以从立春鸣叫到夏至，夏天时的鸣声像是“春去也”，一到夏至以后，百舌就不再鸣叫了。

在《顾渚山记》这本书里，曾提到百舌说：“顾渚山（在浙江省长兴县西北四十七里）中有鸟如鸲鹆（八哥）而小，苍黄色，每至正月二月，作声云‘春起也’，至三月四月，作声云‘春去也’，采茶人呼为‘报春鸟’。”（引自清初赵吉士《寄园寄所寄》卷下）百舌的鸣叫，像提醒着人人要好好珍惜春光呢！

鸣叫声像说“泥滑滑”的竹鸡，形似鹧鸪（山鹧）而小，黑首花面，褐身而多斑赤文，尾秃。生性好鸣好斗，更爱吃白蚁，所以谚云：“家有竹鸡啼，白蚁化为泥。”在绵密的春雨中，竹林里传来了竹鸡“泥滑滑”的鸣声，像叮咛行人走路要小心呢！

台湾特有的两种竹鸡，一种体形粗短，羽毛红褐色有斑文，叫声急促而滑稽，像说“鸡狗乖——鸡狗乖——”一直重复到声嘶力竭为止，却因生性羞怯而始终躲在浓密的灌木丛里不露面。另一种叫“深山竹鸡”，羽灰褐有斑，嘴黑脚红，晨昏时发出清澈嘹亮的鸣声，像说“咕咕咕……丢鼓——丢鼓——”因在清晨、黄昏固定时刻鸣叫，山胞称之为“时钟鸟”。

糠鸠也叫“提壶”、“提葫芦”、“火葫芦”或“红窠子”，它形似斑鸠而小，颈有红圈，成群地飞翔觅食，叫声像“提葫芦”，像劝人沽酒（古人以葫芦装酒挂杖头，行止自随），及时行乐。所以前引欧阳修《啼鸟》诗说：“独有花上提葫芦，劝我沽酒花前倾。”宋人周紫芝《禽言》诗里，也有一首《提葫芦》说：“提葫芦，树头劝酒声相呼，劝人沽酒无处沽，太岁何年当在酉，敲门问浆还得酒（此二句谓不知何年丰收，米酒溅如浆水）；田中禾穗处处黄，瓮头新绿家家有(此二句遥想丰年的情景)。”

提壶的鸣声，在湖北京山一带人，却听成了“筑田口”，农夫一听到提壶叫，认为是将雨之兆，赶紧把田口筑起，好多贮些雨水灌溉；不同心境的人，听到相同的鸟叫，联想的自然大不相同了。

叫声像说“行不得也哥哥”的鹧鸪，也称作“山鹧”、“山鸪”、“越雉”、“随阳”、“怀南”或“逐隐”……它的形状有些像斑鸠，但是尾巴很长，微微翘起，羽毛也跟斑鸠不同，头颈是暗紫色，顶有白毛，背部是灰褐色、腹部带黄色，嘴和脚都是深红色，比斑鸠漂亮多了。宋人黄居寀的《山鹧棘雀图》里，就栩栩如生地画了一只站在石头上，正伏身要喝溪水的鹧鸪。

山鹧只是鹧鸪的一种，也有的鹧鸪“小似斑鸠，鸡身鹑首。臆（胸）文白圆点如珠，背文紫赤色。”这是清人李元《蠕范》卷三里的描述，与黄居寀画的山鹧显然不同。

晋人张华说：“鹧鸪其鸣自呼。”唐人段公路说：“鹧鸪鸣云：但南不北。”后人遂附会说这种生长在江南的鸣禽怀念南土，举翅而飞时必先向南飞，再转其他方向，所以又叫“怀南”或“随阳”。鹧鸪的习性和鸣声，对远游在外的旅人，更有几分哀怨的意味。

唐人韦应物《鹧鸪啼》就说：“可怜鹧鸪飞，飞向树南枝，南枝日照暖，北枝霜露滋；露滋不堪栖，使我夜常啼。愿逢云中鹤，衔我向寥廓；愿作城上乌，一年生九雏，何不旧巢住，枝弱不

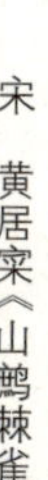

宋　黄居寀《山鹧棘雀图》

得去。何意道苦辛，客子常畏人。”

说鹧鸪叫声像“行不得也哥哥”，大概是宋朝以后的事，词人多以鹧鸪鸣声起句，劝诫远行之人，如宋人丘濬“行不得也哥哥”说：“行不得也哥哥，十八滩头乱石多，东去入闽南去广，溪流湍驶岭嵯峨，行不得也哥哥。”又如元人任士林《禽言》说：“行不得也哥哥，未曙登程日已蹉，腹饥足趼（茧）可奈何，前山雨暗豺虎多。”

小小鹧鸪的鸣声，竟惹起人类这么多的愁绪。

斑鸠似鸽而小，羽灰长尾，腹白，背有鳞斑，褐眼赤足。春天里，快要下雨的时候，斑鸠就叫了，声音像是：“呱呱无屋住”，叫着叫着开始追逐它的伴侣，所以俗谚说：“天将雨，鸠逐归。”也有人说“雄呼（将）晴，雌呼（将）雨”，所以前引苏东坡诗云：“谁谓鸣鸠拙无用？雄雌各自知阴晴。”

明人沈周画了一幅《鸠声唤雨》图，题诗道：“空闻百鸟群，啁啾度寒暑；何似枝头鸠，声声能唤雨。”雨可助耕，对斑鸠颇有称许之意。

春天里还有一种鸟叫与农事有关，那就是布谷鸟。

布谷鸟在古籍里称作“鸤鸠”，此外还有“搏谷”、“拨谷”、“郭公”、“戴胜”等等异名。

布谷鸟比斑鸠略小，似鹞而尾长，羽麻腹黄，从谷雨后开始鸣叫，声音像说：“割麦插禾，脱却布裤，脱了泼袴，郭嫂打婆，一百八个，快快插禾，家家撒谷，伴工做活。”农人听了布谷鸟叫，就知道该下种了。

南北朝时梁人宗懔《荆楚岁时记》里说：“四月，有鸟名‘获谷’，其名自呼，农人候此鸟，则犁耙上岸。”可见布谷鸟与农夫农事渊源之悠久。

最后要提到的一种鸟是杜鹃。杜鹃也叫做“子鹃”、“子规”、“杜宇”、“怨鸟”、“催妇”、“思归乐”……它状如鹊鹞而色黑，嘴赤红，腹部与尾部都有横斑与纵斑，尾长而翘，高过双翅，在暮春时鸣叫，声音像说“不如归去”，充满了凄婉的哀愁。

杜鹃的来历，在古籍里极富诗意与传奇。《华阳蜀志》载：“蜀王杜宇号望帝，好稼穑，治陴城，会国有水灾……升西山隐焉。时适三月，蜀人悲之，闻子规鸣，即曰‘望帝’，遂号子规为‘杜鹃’，盖‘鹃’为捐弃之意也。”

五代南唐人唐希雅画《古木锦鸠》

日人森川曾文笔下的杜鹃鸟

杜鹃的啼声哀凄，有人还附会说它的嘴赤红是啼出的血所染的；师旷《禽经》就说："（子规）隽周、瓯越间曰'怨鸟'，夜啼达旦，血渍草木。"此说虽无稽，但杜鹃的鸣声，却常惹起人对春天将逝的感伤；和远行游子对故乡的思怀。

像宋人余靖《子规》说："一叫一春残，声声万古怨……"明人方孝孺《闻鹃诗》说："不如归去，不如归去。一声动我愁，二声伤我虑，三声思逐白云飞，四声梦绕荆花树。五声落月照疏棂，想见当年弄机杼；六声泣血溅花枝，恐污阶前兰茁紫。七八九声不忍闻，起坐无言泪如雨。忆昔在家未远游，每听鹃声无点愁；今日身在金陵上，始信鹃声能白头。"杜鹃啼声之感人，由此益信。

人言鸟

好多年前,美国有位呼吁环境保护的女作家写了一本《寂静的春天》,用没有鸟鸣的春天来警惕人们珍惜自然;中国人也有“以鸟鸣春”、“春听鸟声”、“鸟语花香春光明媚”……的说法。的确,在一年四季里,仿佛春天的鸟声特别多,特别容易传入人们的耳里。

鸟鸣可分两大类,一种是鸣声婉转悦耳,像金丝雀、画眉等等,但只是单纯的音符;另一种却在悦耳之余,兼有人言的意义,像鹦鹉、八哥、九官等等,古籍里称之为“人言鸟”。

人言鸟当然并不是天生就会说人话,而是它们的舌头灵巧,会模仿人言。古籍古画里,有许多关于此类人言鸟的记载描绘,有的谈它们的生态习性,有的谈怎么训练它们说话,更有些谈鸟与人之间发生的感人故事。

鹦鹉

自古以来,鹦鹉即由人类豢养以为宠物,因为它们智慧高、善于模仿人的声音,羽毛五彩缤纷,引人偏爱。东汉人王充《论衡》中已有“鹦鹉能言”的话,可见中国人养鹦鹉,至少已有将近两千年的历史了。

全世界的鹦鹉约有三百五十种之多,最小如新几内亚侏儒鹦鹉,最大是中南美洲三尺半的金刚鹦鹉,它们原出自爬虫类,但现已适应树上的生活，主要以水果维生，但必要时也吃肉。

鹦鹉是热带、亚热带的鸟类，所以生性怕冷；《旧唐书》卷一四七上有个故事说：唐太宗贞观五年，林邑国（今柬埔寨）献白鹦鹉。这只会说人话的鸟善于应对，很讨太宗的喜欢；可是它一直对太宗说："冷——冷——" 太宗一想，这原是热带的禽鸟，对寒冷的北国气候自是不惯，怜悯之心一动，便又把这只白鹦鹉还了林邑国的使者。

这次林邑国进贡的情形，当时的宫廷画家阎立本曾画了一张图作为纪念，那就是至今仍幸存于故宫博物院的《职贡图》。在《职贡图》横卷上，画一队奇装异服的人马由右方向左方前进，各持着珍异物品；最右下方两个人抬着一个方形的鸟笼，笼子里正是那只后来对唐太宗喊"冷"的白鹦鹉。

鹦鹉在古籍里又叫翠哥、陇客、时乐鸟、绿朝云、雪衣娘、绿衣使者等等，大的鹦鹉叫鹦母，小的叫鹦哥。"鹦"者是说它像婴儿般的学人说话。"翠"、"雪"都是形容鹦鹉的颜色，此外还有丹红、鹅黄、缥青……有纯色的、有五色的，艳丽可爱。正因为它讨喜，闺中少妇都喜欢养着它、训练它说话，就昵称它为"哥"了。

说鹦鹉是"陇客"，因为除了岭南产鹦鹉外，陇蜀也是我国出产鹦鹉的地方；但陇蜀的鹦鹉怕热，跟一般岭南的鹦鹉恰恰相反。清朝时有个满州人纳兰常安，一生四处做官，把他的所见所闻写成了四十卷的巨著《宦游笔记》，该书卷三十三说："鹦鹉，一种出陇蜀，性畏热，至南饲以菉（绿）豆，解暑毒；一种出

近人喻仲林画鹦鹉

交广海南等地，性畏寒，至北饲以柑子，否则中冷，如人伤寒，噤战欲死。”唐太宗如果晓得用柑子喂岭南的鹦鹉，可以让它耐寒，大概就不会把那只能言善道的白鹦鹉送还给林邑使者了吧！

鹦鹉吃谷米菜蔬水果、也吃碎肉，一般人都用去了绿壳的绿豆白来喂它，它最喜欢吃香蕉了，若想逗鹦鹉多说话，只要把香蕉切成小丁来喂它，一定奏效。养鹦鹉最忌用手去抚摸它的背毛和尾巴，如果抚摸了鹦鹉的背毛，鹦鹉将会变成哑巴；如果摸了它的尾巴，则会寒颤生病，养鹦鹉的人称之为“鹦鹉瘴”。治疗鹦鹉瘴的办法是喂它吃余甘子（橄榄肉）……这是清人屈大均在《广东新语》卷二十里的经验谈。

鹦鹉性灵巧，会学人说话，所以唐中叶诗人朱庆馀有首《宫词》就说：“寂寂花时闭院门，美人相并立琼轩；含情欲说宫中事，鹦鹉前头不敢言。”宫女不敢在鹦鹉面前抱怨寂寞，正是怕它在皇帝面前学舌啊！

五代人王仁裕《开元天宝遗事》卷上，也有一则《鹦鹉告事》说：“长安城里有个豪富杨崇义，妻刘氏有国色，与邻人李弇私通，情逾亲夫，便趁杨崇义醉归后，合谋将他杀死埋于枯井中；当时仆妾都不知情，只有堂前架上的鹦鹉看到此事。

刘氏后来把僮仆全遣散了，到官府去报人口失踪，县吏日夜捕贼、拷问僮仆，都没有结果。后来县官到杨家去搜寻，架上鹦鹉忽然叫：“屈——屈——”县官便把鹦鹉取下，搁在自己手臂上，问它有何冤屈；鹦鹉说：“杀家主者刘氏李弇也。”官吏便把刘氏、李弇逮捕下狱，一讯而服。唐玄宗知道这件事后，还敕封这只灵巧忠诚的鹦鹉为“绿衣使者”呢！唐人张说有一篇《绿衣使者传》，就是衍述这个故事。

宋人赵令畤《侯鲭录》上也有个关于鹦鹉的动人故事：“蔡确贬新州，侍儿琵琶随行；有鹦鹉甚慧，确欲呼琵琶，辄扣一响板，鹦鹉即传呼不已。及琵琶卒，（蔡确）偶触响板，鹦鹉犹传呼琵琶，乃感伤成疾，赋诗曰：“鹦鹉言犹在，琵琶事已非；伤心瘴江水，同渡不同归。”

清初人王士祯《渔洋夜谭》卷十五里，也有一则《鹦鹉辞》记述一只忠心耿耿的鹦鹉：“兖州之金乡，有太学生李某，性好音，落魄无聊，畜一鹦鹉教之，逾年而能歌，按板针腔，清婉合律。尝肩负小架，栖鹦鹉以上，跨蹇驴出游，逍遥山水，得意时则命之歌，而自吹笛以和之。久之，邑令麦君子亭，强纳百金以买，生不能辞，听持去，而捐金于途，歌哭尽日乃去。令得之甚喜，明日大会宾客，开筵命歌，而鹦鹉喑然不出一声，不食数日死……"

从上面这些感人的故事可知，中国人喜欢养鹦鹉不是没有道理的。

八哥

宋朝的宫廷画家李迪有一幅《禽浴图》，画一只野生的八哥，忽然看到一个盛了水的木盆，旁边又没有人，便顽皮地飞到木盆里，张开翅膀大大方方地洗起澡来了；它用喙去整理羽毛，洗个痛快，洗得几根羽毛都落了下来。

八哥的毛色纯黑，头跟背部微微有绿色的光泽，头上的羽毛细长而尖，像柳叶、又像冠。

八哥就是古籍里常提到的鸜鹆，也做鸲鹆；此外，它还有步鹆、花鹆、寒皋、黝鸟、叭叭鸟等名称。宋朝大画家牧谿有一幅《叭叭鸟图》，就画着一只八哥站在松树干上整理着自己的羽毛。

八哥本名叫鸲鹆，据宋人陈樵《负暄野录》上说，是南唐李后主把它改名叫八哥的；为什么要改名呢？书上却没说。后人猜想，八哥起飞时，全身都是黑的，只有两个翅膀上有两条白

宋 李迪画洗澡的八哥

斑，刚好成了一个“八”字的形状，所以就叫它“八哥”了。

八哥头上的冠也有个神奇的来历。

据明人冯梦龙《警世通言》卷三十九《旌阳宫铁树镇妖》说：“许真君、吴猛师徒两人替人间斩除孽龙妖蛟，结果孽龙屡败，众蛟或死或伤，因怕许真君宝剑，纷纷改邪归正，变人逃生；只有三蛟仍藏于新建洲渚之中，为害往来船只。”

有一天，许真君的弟子曾亨来到新建城里，遇到两个状貌殊异的少年上前搭讪说：“君非许君高门乎？”曾亨说：“然！君是何人也？”少年说：“仆家居长安，累世崇善，远闻许公深有道术，诛邪斩妖，必仗神剑，敢问此神剑有何功用？”

曾亨说：“吾师神剑功用甚大，指天天开，指地地裂，指星辰则失度，指江河则逆流。万邪不敢当其锋，千妖莫能撄其锐。出匣时，霜寒雪凛，耀光处，鬼哭神愁，乃天赐之至宝也。”

少年说：“世间之物，不知有何物可挡令师神剑，而不为其所伤？”

曾亨说：“吾师神剑惟不伤冬瓜、葫芦二物耳。”

少年闻言，遂告辞而去，遍告其党类。一天真君以神剑授其弟子施岑、甘战，令其遍寻蛟党而诛之，蛟党乃尽化为葫芦冬瓜，泛满江中。真君运神光一望，告诉弟子说：“江中所浮者非葫芦冬瓜，乃蛟精余党也。”于是施岑、甘战飞步水上，举剑往葫芦、冬瓜乱砍。但葫芦冬瓜乃轻浮之物，一砍即入水中，不能得破。正在此时，有只八哥从旁边飞过，高叫“下剔上，下剔上。”施岑大悟，便举剑由下剔上，满江蛟党因而全部被诛，江水尽赤。

南宋　牧豁《叭叭鸟图》

许真君见蛟党尽诛，遂封那有功的八哥一冠，于是至今八哥的头上都有了冠儿。

生物学家说八哥是中国常见的鸟，尤遍布于长江流域，它是一种群居的鸟，觅食时也三五成群，繁殖时更把巢连成一大片，每天一早就三五成群边飞边叫地围拢在一起，围成一大群后，有几只站得最高，大概是主席。它们此起彼落地叫着，像讨论什么似的；当主席或某只八哥鸣叫时，其他的八哥全都以自然的姿势倾听着，过了相当的时候，也会有大多数的鸟发出一致的声调，像通过什么议案似的，这个集会从清晨六点左右开到七点多钟，八哥们才各自成小团体向四方散开去了。

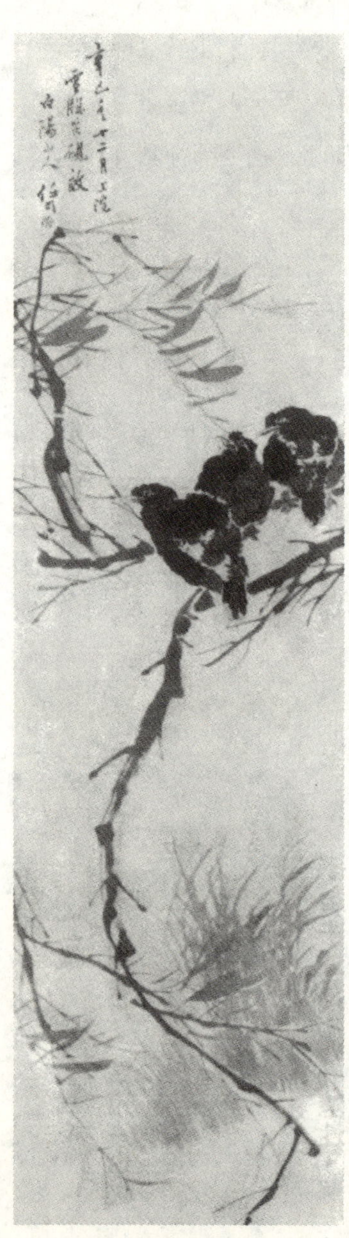

清　任伯年画八哥

八哥做巢多在树洞、旧墙中，也喜欢在屋檐下、阁楼顶、倾斜残断的古塔中筑巢。别的鸟都怕鹰隼和蛇，八哥不但不怕鹰隼，跟黑耳鸢、隼作邻居，同住一个古塔中，你进我出，各为自己的宝宝觅食，还把蛇蜕下的皮拿来做巢的垫褥，可见它也不怕蛇。

八哥能和鹰隼分庭抗礼，大概是因为它们能团结、有组织，所以鹰隼不敢轻犯它们；而在巢中铺着蛇蜕，更是让幼鸟自小就惯见惯啄蛇蜕，长成后有攻击蛇类的勇气。

八哥的舌头灵巧，所以人们喜欢养它、教它说话；梁人宗懔《荆楚岁时记》上说："此月（五月）鸲鹆子毛羽新成，俗好登巢取养之，以教其语也。"南朝宋人刘敬叔《异苑》也说："五月五日，剪鸜鹆舌，教令学人语，声尤清越，虽鹦鹉不能过也。"明人顾起元《客座赘语》卷一还说：八哥不但会作人言，还会学其他鸟的叫声，是所有鸣禽中最善模仿的鸟儿，但它不能模仿乌鸦叫，一叫出乌鸦的鸣声，那只八哥就是死期将至了。

清中叶人王韬《瀛壖杂志》上也说："沪城……田间多产鸜鹆，百十成群，亦具慧性、解人言，沪人捕之以弋厚利。"养八哥的人，一大清早提着鸟笼，到公园里去遛鸟，把笼子挂在树下，听它鸣叫，也是人生一乐。

清初人李斗《扬州画舫录》卷九里还有个关于八哥的有趣故事说：米景泉住在扬州市河东岸天宁门街上，开着糕铺却喜欢养鸟。当时扬州监务商总以安绿村最为富有，有一天安某经过米景泉开的糕铺，忽然听见门前鸟笼里的八哥叫着："安公买我。"安绿村一高兴，花了重金买下这只八哥带回家去。米景泉更高兴，他只教这只八哥"安公买我"一句话，就赚了好多钱。

九官

九官鸟是晚近的俗称，这种大似乌鸦，全身漆黑、嘴脚皆红、两眼后夹脑有黄色肉冠，鸣声清亮，聪慧而善于模仿各种声音的鸟儿，在古籍里叫“秦吉了”。

清人李元《蠕范》卷三说：“秦吉了，鹩哥也、了哥也、奇鹩也、孝鹩也、情急了也。大如鹦鹉，身黑咮赤距黄，两眼后夹脑有黄肉冠，其舌目如人，目下连项有深黄文，顶毛有缝，如人分发，善效人笑语声，声如人言，语音雄大……”此外，晚明人张岱《陶庵梦忆》卷四里的“宁了”，指的也是这种人言鸟。

近人王诗渔笔下的九官鸟

九官也是岭南热带生产的鸣禽，清人李调元《粤东笔记》卷八《了哥》说："本草纲目释名秦吉了即了哥也，岭南容管廉邕诸山峒中皆有之，如鸜鹆，能效人言。广州志云有三种，眼黄者金了为上，眼白者银了为次，眼黑者铁了为下，产琼州。"此外，还有毛色纯白、纯红的九官鸟。

九官鸟大约在唐朝时就为中原人士所闻；《唐志》上说：开元（玄宗年号）初，广州献秦吉了，音颇雄重，能识人事，慧于鹦鹉。《岭南录异记》说：廉州民获赤、白吉了各一头，献于刺史。《唐会要》说：了哥形似鹦鹉而色白，顶微黄，顶毛有缝，如人分发出。

中唐诗人白居易也有一首《秦吉了》诗说："秦吉了，出南中，彩毛青黑花头红，耳聪心慧舌端巧，鸟语人言无不通……"都可见唐朝时，九官鸟已被视为珍禽地送到京城长安了。此后，九官鸟就常为有钱人家养着玩。

《陶庵梦忆》的作者张岱家里，就养了一只聪慧灵巧的九官，他在《宁了》一文中说："大父母喜豢珍禽：舞鹤三对、白鹇一对、孔雀二对、吐绶鸡一只……一异鸟名'宁了'，身小如鸽，黑翎如八哥，能作人语，绝不噁唎（含糊）。大母呼媵婢，辄应声曰：'某丫头，太太叫！'有客至，叫曰：'太太，客来了，看茶！'有一新娘子善睡，黎明，辄呼曰：'新娘子，天明了，起来罢！太太叫，快起来！'不起，辄骂曰：'新娘子，臭淫妇，浪蹄子！'新娘子恨甚，置毒药杀之。宁了疑即秦吉了，蜀叙州出……"从行文可知，四川也出产这种人言鸟。

如今台湾的九官鸟，全由东南亚进口（他们只卖公鸟，以便垄断生意），尚未训练的幼鸟分大、中、小型，价格从三千元到六千元不等，训练好会说："恭喜发财"、"哈啰，你好！"等几句简单人话的成鸟要卖上万元，聪明些的、学习能力强的九官鸟，就任凭鸟店老板开价了，三万五万都有人买。

在古代，岭南的九官鸟即经常输出，明人郑瑄《昨非庵日纂》卷十三说："夷人买秦吉了还国，吉了曰：我汉禽也，不愿入蛮，因不食而死。"可见九官鸟不仅通人言，还颇具人性呢！

初夏蝉声唱

悄悄山郭暗，故园应掩扉；
蝉声深树起，林外夕阳稀。

——宋人朱熹《闻蝉》

夏天是以蝉声揭开序幕的，听到蝉声就让人想起夏日和童年；谁不曾在童年时被高树枝丫间的鸣蝉吸引得驻足仰首、寻声觅迹呢？

蝉的种类很多（全世界有两千多种，我国有一百二十几种），叫声听起来也有许多变化。明人刘侗在《帝京景物略》卷三里说：三伏天里鸣叫的蝉声音急躁，像是在说："伏天伏天"；入秋以后，天气转凉，蝉声凄清短促，像是在说："秋凉秋凉"；用竹竿去粘蝉，惊飞时的鸣声悠然哑然，像说："呀——"；被粘住的时候鸣声切切，像是说："吱吱"；被握在人手中时，叫声悲凄而若有所求，像说："施施"。

中国人很早就开始注意这种在初夏鸣叫的昆虫了，《诗经》豳风《七月》说"五月鸣蜩"，蜩（音"条"）就是河南、山

蟪蛄

西人对蝉的称呼。

关于蝉的起源，晋人崔豹《古今注》上有个哀怨的故事说："昔齐王之后怨王而死，尸变为蝉，登庭树嘒唳而鸣，王悔恨之，故名'齐女'。"可见蝉又名"齐女"。

从蝉的体态和出现时间来细分，夏天里叫的蝉称作"蜩"，俗称"蟪蛄"，体短吻长，翅有黑斑，翅脉黄绿，身体上有绿、褐、黑三种斑纹，叫声像"齐——"。盛夏时鸣叫的"蚱蝉"形大体黑，雄蝉腹下有橙色鸣器，翅脉绿色，翅膜透明，叫声像"药衣药衣"。暮夏初秋时出现的是"寒蝉"，也叫"都了"，体形小、绿色、声音迅急单调。秋天里出现的是"寒蜩"，也叫"寒螿"，体色黑，有黄绿斑，翅脉赤褐，鸣器呈三角形，鸣声悲凄。

不同的蝉，叫起来声音各异，不同的人，听到相同的蝉叫声，也会因心情的不同而各自作南辕北辙的联想。初唐时仕途得意，品德清高的虞世南，听到蝉叫时，作了一首《咏蝉》诗说："垂緌饮清露，流响出疏桐；居高声自远，非是藉秋风。"说自己学优身显并非幸运。而中唐时因事被捕入狱的骆宾王，在狱中听到蝉声时，则说：“西陆蝉声唱，南冠客思深。不堪玄鬓影，来对白头吟。露重飞难进，风多响易沉。无人信高洁，谁为表予心？”怜蝉却更自怜。晚唐诗人李商隐，仕宦失意，满腹牢骚，听到蝉声时却咏道：“本以高难饱，徒劳恨费声。五更疏欲断，一树碧无情。薄宦梗犹泛，故园芜已平。烦君最相警，我亦举家清。”大有两袖清风归去来之意。

近人伍揖青画蝉

而旅途中听到的蝉声，尤其令人难忘，唐人钱起《江行》诗说：“见底高秋水，开怀万里天；旅吟还有伴，沙柳数枝蝉。”宋人文同《初入二里》诗说：“树色交山色，蝉声杂鸟声；客怀殊不倦，信马此中行。”都是很好的例子。而明人袁小修在《游居柿录》第一〇九一则上说：“从沮、漳合流处发，舟如激矢，两岸垂杨郁郁，蝉声相连数十里……”又是何等喧闹壮观的情景？

关于蝉的生态，古代说法不一，《格物论》说蝉是蜣螂（屎壳郎、推粪虫）所堆的泥丸所化成的，泥壳脱落后，蝉便出来了。东汉人王充《论衡》则说：“蛴螬化为复育，腹育转而为蝉；生两翼，坼背而出。”唐人段成式《酉阳杂俎》还说蝉是朽木所化：“秀才韦翾，庄在杜曲，常冬中掘树根，见复育附于朽处，怪之。村人言：蝉固朽木所化也。翾因剖一视之，腹中犹实烂木。”

事实上蝉的繁殖过程是这样的：雄蝉在枝间迎风高唱时，往往有不会叫的雌蝉循声而至；雄蝉见雌蝉来了，尖锐热烈的声调渐渐变为低微温和的情调。雌雄交尾后，雄蝉不久就死了（不交配的雄蝉，寿命最长也不过一周左右），受精的雌蝉便用尾端锯齿形的产卵管，插入小树枝的内部，上下运动，随锯随转

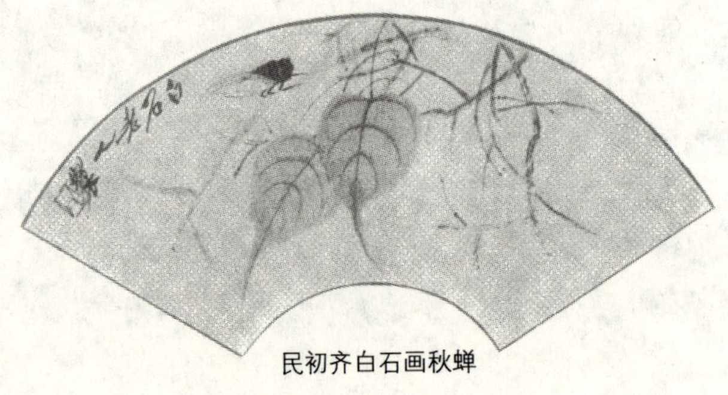

民初齐白石画秋蝉

随产卵；卵色白，略呈椭圆形，数分钟后，树枝一周皆被锯转，而卵也产好了。过了两个星期，幼虫孵化出来时，树枝正好枯萎落地，一同落地的幼虫便潜入土中，吸食树根的液汁，经过发育生长，一共蜕皮四次而成拟蛹后，到夏季的清晨，从泥土中爬上树干，再由拟蛹的背部蜕出成蝉。

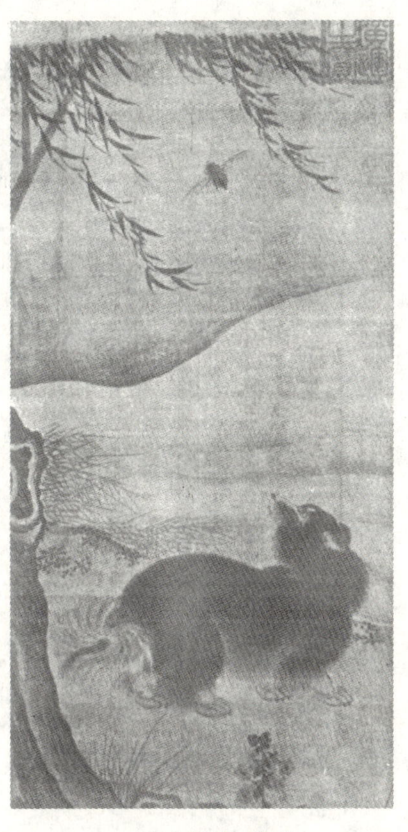

明武宗《哈叭惊蝉图》

蝉是在地下树根间生活的幼虫，有时因树根养分不足，发育得很慢，竟有长达十七年的，普通也要三年；来到世间后却活不过一星期，这真是令人感慨的事啊！古代中国人在埋葬死人时，要拿一块雕成蝉形的玉（称“含蝉”或“晗”）放在死者的口中，这固然是迷信“金玉在九窍则死人为不朽”的说法，雕成蝉形，也有人在世上的时光像蝉的寿命一样短促的悲悼意味吧。

经过漫长的挣扎岁月来到世间，只喧闹几分之一个夏季的蝉，却逃不过螳螂和人类的捕杀。中国人说螳螂在捕蝉时，会举一片具有隐翳功效的树叶在身前，所以蝉看不见走来杀它的螳

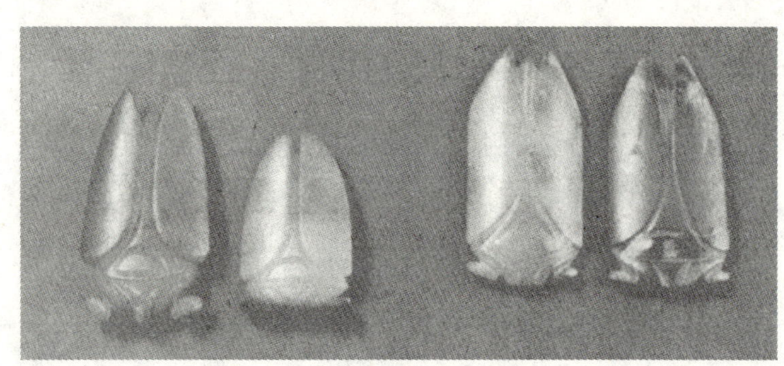

汉玉蝉

蜩。而人类捕捉鸣蝉的方法更是高明,在白天里,用尖端涂了黏胶的长竹竿去捉(称作“承蝉”),晚上时,则把灯笼放在蝉栖息的树下,用力摇撼树干,蝉惊飞起便扑向灯火而一一成擒(称作“爚蝉”或“耀蝉”)。这两种捉蝉法历史都很悠久了,因为承蝉见载于《庄子》达生篇,爚蝉见载于《吕氏春秋》。

人爱在夏天听蝉鸣,市面上也就出现了卖蝉的小贩,宋人陶穀《清异录》说:唐朝时,长安京城的无业游民在夏天夜间捕蝉,沿街叫卖时吆喝着“只卖青林乐”,青林乐就是蝉的别名。妇女小孩争相购买,把买来的蝉放进小竹笼里,悬挂在窗户间听它鸣叫,刹时屋子里便充满了夏日的风情。

每年夏天,第一声蝉鸣总让人霍然一惊,白居易说:“微月初三夜,新蝉第一声”,晏元宪说:“绿树新蝉第一声”,王安石说:“去年今日青松路,忆似闻蝉第一声”,全都是初闻蝉鸣惊觉夏至而吟咏的诗句,您也有类似的经验吗?

萤火虫

幸因腐草出，敢近太阳飞；
未足临书卷，时能点客衣；
随风隔幔小，带雨傍林微；
十月清霜重，飘零何处归。

——唐人杜甫《萤火》

在溽暑炎夏里，最愉快的莫过于夜幕低垂，凉风习习的时刻了；而跟人类一同享受这美好夏夜的，还有点点的流萤。这种忽明忽暗、闪闪发光的小虫，几千年来，一直是人类好奇和吟咏的对象。

萤火虫在古籍里又有丹鸟、景天、辉夜、丹良、夜光、宵烛、熠燿、即炤、夜照等不同的名称，即在晚近，各省人士对它的称呼也不同；像江西人称之为“萤火虫”（一首江西儿歌说：“萤火虫，夜夜红，飞到天上捉蚜虫，飞到地下捉绿蟌。”）浙江人叫它“火焰虫”（浙江儿歌“火焰虫”说：“火焰虫，的的飞，飞上来，飞下去。”），安徽人叫它“火萤虫”（安徽儿歌说：“火萤虫虫来，挑担柴来；火萤虫下来，挑担瓦来。”），四川人称它“亮火虫”（四川歌谣云：“亮火虫，亮幽幽，担挑白米下泸州

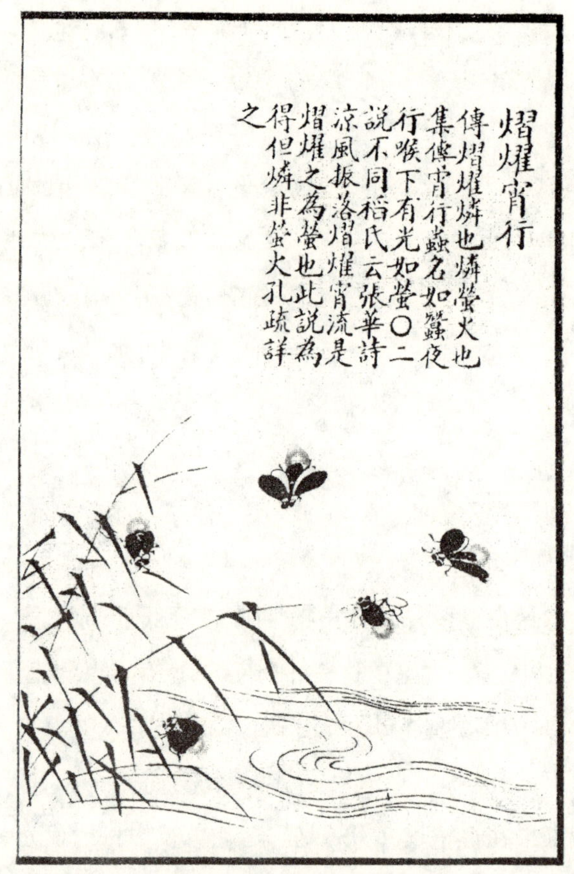
熠燿宵行
傳熠燿燐也燐螢火也
集傳宵行蟲名如蠶夜
行喉下有光如螢○二
説不同稻氏云張華詩
涼風振落熠燿宵流是
熠燿之為螢也此説為
得但燐非螢火孔疏詳
之

《毛诗品物图考》中的萤火虫

……”），江苏人称它为“游火虫”（晚清苏州山歌云：“游火虫，深夜飞下来，哥哥吃酒弗转来……”），湖北人叫它“亮晃虫”（一首湖北儿歌说：“亮晃虫，阴阴来，你下来，我给你做双大花鞋。”），湖南人叫它“亮火巴巴”（湖南歌谣说：“亮火巴巴，来我门前吃辣菜，你上天，雷打你；你下地，我救你……”）从这么多别致有趣的方言里，也可见萤火虫是夏夜里大家好奇

关注的焦点了。

提起萤火虫，就让人想起“囊萤夜读”的车胤；想起“轻执纨扇扑流萤”的少女；想起在洛阳景华宫放萤火虫的隋炀帝来。车胤是晋朝时穷苦人家的孩子，他很知上进，喜欢读书，可是夜里连点灯的油也买不起。车胤便把许多萤火虫捉来放在有细孔的练囊里，借着荧光的照明来读书，后来，学识渊博的车胤果然出人头地，当了吏部尚书。

喜好游乐的隋炀帝，在距今一千两百六十多年前的某个夏夜里，曾在景华宫把自民间征求来的数斛萤火虫一夕放之，结果亿万点荧光普照岩谷，蔚为奇观。

而一般人对这种“著人疑不热，集草讶无烟，到来灯下暗，翻往雨中燃”的小虫，也都充满了兴趣。扬州人把萤火虫捉来放在绢丝制的小灯笼里，苏州人把它放在掏空的蛋壳里，在夏夜时赏玩。清人李斗《扬州画舫录》卷十一说：“（扬州）北郊多萤，土人制料丝灯，以线系之，于线孔中纳萤。其式方圆六角八角及画舫宝塔之属，谓之‘萤火虫灯’。”清人顾铁卿《清嘉录》卷六说：“……三伏天……（苏州人）或以鸭卵空其中，粘

萤火虫的幼虫

五色楮，彩画成鱼，穴孔纳萤，谓之‘萤火虫镫’，供小儿嬉玩……”都极富情趣。

古代中国人相信萤火虫是从腐草化生的，《礼记》月令篇上说：“季夏之月，腐草化为萤。”后人在咏萤之作里，大多也这样说；像晋人郭璞《萤火赞》说：“熠耀宵行，虫之微么，出自腐草，烟若散漂……”前引杜甫《萤火》诗：“幸因腐草出。”上述颇富诗意的想象，当然是不正确的，事实上，这种属于昆虫类中的鞘翅目的小虫，是完全变态（经过卵、幼虫、蛹、成虫）的昆虫之一。萤火虫的卵外形圆小，淡黄或淡黑色，产在水边的草根间或土中，夜里常发青光。产后约一个月光景，便孵化为幼虫，幼虫的身体有十三个长纺锥形的环节，尾端稍前的两侧，各有一个发光器，到了夜里便放射青光。幼虫大约经过两年以后才化为蛹，化蛹后三个星期，便成为满天飞舞的流萤了。

古人又认为萤火虫会发光，乃是感受了大暑之气所致，明人王佐《格古要论》说：“萤是腐草及烂竹根所化，初犹未如虫，腹下已有光；数日便变成能飞，生阴地池泽，常在大暑前后飞出，是得大地之气而化，故如此明照也。”事实上，萤火虫能够发光，是因为它的尾端有发光器，发光器是由一层淡黄色透明的薄膜紧贴在皮肤下面的发光层，和相反的反光层所构成；这发光层的细胞里，有许多黄色细粒的荧光体，遇着氧气时就起化学作用而发光。萤火虫在呼吸时把氧输入，发光器便发光了，气管上分布着许多神经细胞，能随意调节空气的输送，所以萤光忽明忽暗、一闪一闪的。

萤火虫发光，可不是像清中叶人郑旭旦《天籁集》里一首北平儿歌所说的：“萤火萤火，你来照我。”不是给夏夜添几许明亮，而是为了吸引异性，达到交配的目的。雄萤长约三分许，体黄头黑，翅鞘柔软，上面点线密布；雌萤无翅，形如蛆，雌雄尾端皆有发光器。在夏夜里，雄萤和雌萤都从草丛里出来；雄的往往距地面约二尺的高处飞行，同时忽明忽灭地发出光来，雌的多半藏身在近地面的植物叶片上，静静地等待着，这时候它并不发光，等到雄萤飞近它大约十尺左右的时候，它才发出瞬息的闪光作为信号。于是雄萤一面继续发光，一面向雌萤的方向飞去，雌的又再发出一次闪光，双方像是在交换信号似的，直到雄萤飞落到雌萤身旁为止。

萤火虫的亮光，是爱情的讯号，在恋爱中男女的眼里，这种小虫也曾引起他们爱的遐思，南北朝时，萧齐的诗人谢朓有一首《玉阶怨》说：“夕殿下珠帘，流萤飞复息；长夜缝罗衣，思君此何极？”这是描述在流萤飞舞的夏夜里，宫女思念君王的情景；民初时陕西岐山的一首民谣《萤火虫》说：

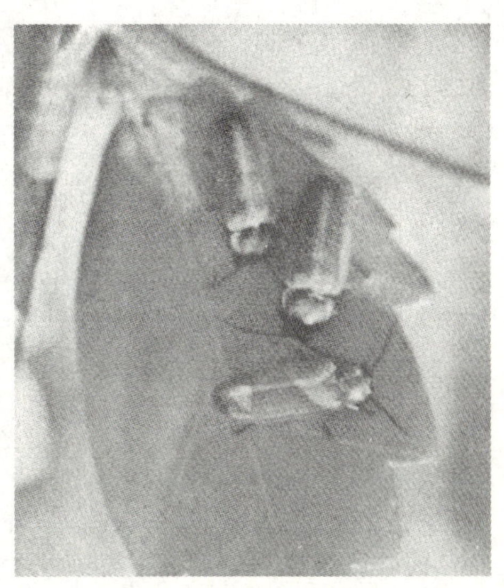

小小萤火虫是童年快乐的玩伴

“萤火虫儿绿晶晶，飞在林中像盏灯；你要飞来飞远些，莫在近处晃眼睛。隔河看见姐穿红，好像一只萤火虫；白天晃得难做活，晚上晃得睡不着。”竟又把心目中思恋的女孩比作了闪烁的流萤。

明朝时苏州的一首山歌更为有趣，当时苏州流行了两首小儿谣，一首是“萤火虫，娘来里（哩），爷来里，搓条麻绳缚来里。”另一首是“风婆婆，草里登（蹲），喝声便起身。”原本都没有什么含义，只是随口趁韵之谣；在明人冯梦龙辑集的《山歌》卷一里，有一首《引》，叙述一个女孩在夏夜里乘凉，结果情郎走来约她幽会，可是女孩的父母在旁，她怕父母知道，就活用了上述两首小儿谣，要情郎先在草丛里躲一躲。这首山歌说：

爷娘教我乘凉坐子(了)一黄昏，
只见情郎走来面前引一引；
姐儿慌忙假充萤火虫说道：
“爷来里，娘来里。”
咦(又)怕情哥郎去子，
喝道：“风婆婆且在草里登。”

在充满浪漫气息的夏夜里，小小的萤火虫竟也作了男欢女爱的穿针引线人。

故国霜前白雁来

女墙倒影下寒空，树杪飞桥渡远虹；
历下人家十万户，秋来都在雁声中。

——明·申涵光《泛舟明湖》

雁是一种候鸟，秋天从漠北南翔，春天再由江南北飞。中国人说“雁来过年，燕来种田”，每当木落草衰、秋风萧瑟之际，在辽阔的长空中，随时可见数十只一群的雁阵，排成“人”字或“一”字形、行列整齐地飞过天际，留下“嗷——嗷——”的鸣声，像告诉人晚秋天凉了。前引明人申涵光《泛舟明湖》，说山东历城县十万人家“秋来都在雁声中”，描述得既鲜活又有情调。

雁是属于雁凫目、雁凫亚目、雁凫科、雁属的一种水鸟，体形大小似鹅，嘴长微黄，背灰褐色，翼带青灰色，胸部有黑色斑点。雁的种类很多，有鸿雁，较一般雁为大；有弱雁，形似雁而略小，羽毛色彩较浓；有候雁，似鸿而小，羽毛纯白，通称“白雁”等等。雁的种类不一，南下的时间也有早有晚；《淮南子》鸿列篇说："雁乃两来，仲秋鸿雁来，季秋候雁来。"宋人沈括《梦溪笔谈》卷廿四里也说："北方有白雁，似雁而小、色白，秋深则来。白雁至则霜降，河北人谓之'霜信'。杜甫诗云：'故国霜前白雁来。'"可见雁儿是分批南下的。

明　林良《芦雁图》

雁的老家在西伯利亚、蒙古漠北、北西藏等地，它们在那儿产卵、生子、饲育幼雏。每年秋天时，因故乡气候转寒，湖泊封冻，又冷又饿的群雁，便倾家南徙，像流浪的旅人，开始过万里飘零的生活。唐人钱起《送征雁》说："秋空万里静，嘹唳独南征；风急翻霜冷，云开见月惊。寒长怜去翼，影灭有余声，怅望遥天外，乡愁满目生。"正是形容翩翩南征的雁儿。

雁儿南下时，三五十只一群，由一只强壮

而有经验的作先导，其他雁儿尾随其后，排成一列。先导者责任重大，拨云开路、引导方向、观察地形、逃避敌人，都是它的任务。飞行一段时间，来到一处无人惊扰的地方，领航者便从空中缓缓地打圈子降落，同伴也随之而下，开始饱食田野中的嫩草麦苗、湖泊中的鱼虾水草。雁群每次休息或就食时，总有些孤雁或雁奴在旁边担任守望，一旦有野兽猎人逼近时，立刻发出警叫，同伴听到叫声后，立刻张翼飞跑几步，而后斜飞窜空以避敌害。所以《禽经》说："（雁）夜栖川泽中，千百为群，有一雁不瞑，以警众也。"

雁群在翱翔天际时，常发出凄唳声，在露浓霜重、寒气森森的晚秋时，每每牵惹起游子的愁绪。唐人韦应物《闻雁》说："故园渺何处?归思方悠哉;淮南秋雨夜，高斋闻雁来。"宋人严羽（《沧浪诗话》的作者）《闻雁》说："远客惊秋雁，高楼复异乡；声兼边月苦，影落楚云长。此夜头堪白，他山叶又黄；年年洞庭浪，飘泊更无行。"都说旅人怕听秋雁的凄鸣。

雁群白天飞累了，夜晚就栖宿在泽畔苇丛间，如此晓行夜宿、飞飞停停，约经一两个月后，才来到风和日暖的印度、南洋群岛、澳洲过冬。等到春暖花开时，南来的小雁已发育成熟了，便开始互相匹配、成双成对地在南国过着甜蜜恩爱的夫妻生活。等雌雁受精怀卵后，群雁便列队北飞，在初夏前后赶回到它们的故乡，而后雌雁开始在故巢产卵、孵育后代。

群雁北飞时，也常引起羁旅游子的嗟叹；唐人韦承庆《南中咏雁》说："万里人南去，三春雁北飞；不知何岁月，得与尔同归。”欣羡之情，洋溢纸上。

南迁时的雁群，在天空飞翔时常常东西观望、态度迟疑，有难舍家乡之感；在北返时，却抄取捷径，昼夜赶飞，大有“归心似箭”之态，这也说明了雁儿是以漠北作家乡的。

雁儿很早就出现在中国人的典籍里了；《诗经》邶风《匏有苦叶》说：“雝雝鸣雁，旭日始旦；士如归妻，迨冰未泮。”要青年男女在听到雁鸣时就赶紧结婚，若等开春冰溶之时，可就嫌晚了。正因为秋日农闲，是未婚男女嫁娶的好时刻，而雁又在此际自北国飞来，古代中国人在结婚时，便以雁作为女婿拜见岳父岳母的贽礼。《礼记》昏礼说：“父亲醮子而命之，迎男先于女也，子承命以迎主人，延几于庙，而拜迎于门外，婿执雁入，揖让升堂，再拜奠雁，盖亲受于父母也。”

雁不是家禽，怎样猎雁呢？汉画像石里有《猎雁》图，可见汉人是弯弓射雁的。此外，唐佚名作家的《玉堂闲话》（一卷）里，另有个巧妙的法子说：“雁宿于江湖沙渚中，动计百十；大者居中，令雁奴围而警察。捕者俟阴暗无月时，藏烛器中，持棒者数人，屏气潜行。将及，则略举烛，便藏之；雁奴警叫，大者亦警，顷之复定。又复前举烛，雁奴又警，如是数四，大者怒啄雁奴。秉烛者徐徐逼之，更举烛，则雁奴惧啄不复动矣。乃高举其烛，持棒者齐入群中乱击之，所获甚多。”如果要捉活雁，则欺近雁群后，撒网覆之，便可一一手到擒来了。

除了上述两个方法外，还有些打雁人养驯雁作鸟媒，诱野雁降落而加以猎杀；清初人赵吉士引其曾祖父日记里的话说：

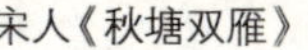

宋人《秋塘双雁》

“丹阳练湖有人打雁为业，先养一囮雁，系脚置几上食，飞者见食而下，则以网覆之。”（见《寄园寄所寄》卷下《禽兽》）雁再机警，也没有人聪明啊！

“鱼雁往返”是句形容书信往来的成语，其实古时候中国人利用动物来寄信的故事，有鸽子、鹤、黄犬等等，却没有雁儿，“雁足系书”是汉朝时一个假托的故事。汉武帝时，苏武出使匈奴，被放逐到北海牧羊。到了昭帝时，匈奴与汉和亲，昭帝派人向匈奴王要苏武等人；匈奴王觉得此事不好交代，便骗汉使说苏武已死了。汉使说:“天子射上林中得雁,足有系帛书,言武等在某泽中。”匈奴王听后惊惭地说:“武等实在。”于是被放逐了十九年的苏武得归故国。这是“鱼雁往返”一词之所本。

而后人也因此把雁儿跟书信联想到一起，如明人谢承举《闻雁》说:“枕断烟波晓梦余,雁声悲切过匡卢;离人久望平安字,何事江东不寄书?”又如明金陵妓杨宛《闻雁》说:“万里翩翩度碧虚,月明送影意何如?也知一向郎边过,自是多情少寄书。”最有趣的是明人熊稔寰《续选劈破玉歌》里的一首俗曲《雁》:“猛抬头,忽见那衡阳雁至,一行行、一队队,嘹呖南飞。眼见得,你是薄情夫婿,你知道它来,竟没有半行书寄。等待那雁儿春归也,我也无书寄与你。”

日人荒木宽亩笔下的秋雁

深秋话蟹

蟹也称为“无肠公子”或“横行介士”，是节足动物甲壳类里的一种水产动物。每到深秋，正是肥蟹上市的时节，所谓“味尤堪荐酒；香美最宜橙；壳薄胭脂染，膏腴琥珀凝。”真令人食指大动，垂涎三尺。值此深秋，且让我们从民俗学、中国古画和食谱食经这三个不同的角度来谈谈中国人心目中的螃蟹。

民俗学里的螃蟹

或许是由于螃蟹横行，或许是因为螃蟹食稻，人们对螃蟹没有太大的好感和太多的敬意。人们以“虾兵蟹将”来形容乌合之众；“螃蟹过河，七手八脚”来形容手足失措者；民间寓言更有老蟹要小蟹直走，小蟹要老蟹示范看看，才发现原来是“上梁不正下梁歪”的笑话……真是不一而足。

民间俗信“虾荒蟹乱”，如果水中众虾暴现，表示将有荒年；如果群蟹乍出，则表示将有战乱。这也许是由于螃蟹披坚甲执锐螯，有若武士，乡民才以之为“兵兆”吧。

在孟诜的《食疗本草》上说：蟹至八月间，以螯持稻芒两茎，各长寸许，东行至海，送往蟹王之居处，民间称为“执穗以朝其魁”，真相如何，就不得而知了。不过在宋人傅肱的《蟹谱》卷二里，提到震泽有一鱼人陆氏，举网得蟹，其大如斗，以螯剪其网皆断，陆氏大怒欲烹之，同伴说此为江湖之使，烹之不祥，陆氏只得放走了它。一个“使者”便大如斗，“蟹王”岂不大如车了。

在浙江绍兴有一种小蟹，蟹黄结成一个和尚形，名称便叫“和尚蟹”，据说这是法海和尚变的。原来白蛇爱上了许仙，演出一段人蛇恋，法海和尚偏要从中阻挠，拆散这对恋人。被镇在雷峰塔下的白娘娘说要报仇，天上诸神也憎恶他的僭越，法海

近人胡克敏画蟹

只好逃去躲在蟹壳里，这就是绍兴和尚蟹的由来！

但螃蟹也并非一无可取，它被人捕获时能立刻自断手足以求脱生的壮士行径，就十分让人钦佩，所以捉得的螃蟹往往有螯足不全者。近人丰子恺在《护生画集》里，也以“一蟹失足，二蟹持扶；物知慈悲，人何不如。”来强调生物间的同胞爱，这是民俗学里唯一对蟹的正面歌颂。

古画里的蟹

在中国历代的画家里，颇不乏画蟹的名家。像唐人韩滉善画牛，也善画蟹，五代人袁嶬也善画蟹，他有两幅作品《鱼蟹图》、《蟹图》，曾为宋徽宗御府所藏（见《宣和画谱》卷九）。

宋人中善画蟹者有刘寀（宏道）、宋永锡（以上见《宣和画谱》卷九）、寇君玉(见《图绘宝鉴》补遗)和刘泾（巨济）等人。清宫旧藏一幅刘泾的巨蟹册页，画一蟹正以螯夹稻而食的情景，十分写实而生动。

宋人写实描绘吃稻的螃蟹，到了明朝画家笔下的螃蟹已开始有了寄情和象征的意味。像明人徐渭（文长）就常画蟹而配以芦草。像他有一幅作品《芦蟹图》，画一蟹持芦，题“传芦”。另外在《南画大成》卷五中，有徐渭的一幅《双蟹图》，画题“钳芦何处去，输与海中神。”也以螃蟹夹芦花，以芦、胪同音来表示“传胪”（“传胪”是科举殿试后宣制唱名的仪式，引申为功名成就之义。）但螃蟹只为海中之神空忙一场而已，来反映出他一生经过八次乡试失败，终于放弃求取功名的心路历程。

胡克敏《黄花紫蟹》

民初的大画家齐白石有许多画蟹的作品，或画醉蟹、或画虾蟹、或画双蟹，最值得注意的是在日人侵华，八年抗战的末期，他题《画螃蟹》诗中说：“处处草泥乡，行到何方好！昨岁见君多，今年见君少。”以横行之蟹来比喻日本军，而状其泥脚愈陷愈深，日暮穷途的情景。蟹在画家的笔下，意象何其丰富哪！

捕蟹与吃蟹

小时候自己也捉过螃蟹，在溪边翻开石头，在水变浑浊之前用手按住欲逃生的小蟹，或伸手进泥穴石缝里，拼着被它一夹之痛而要捉它出来。到海边时，更挖沙滩上小蟹钻进地中留下的圆洞，要挖好深而不破坏了穴道才能捉住黑黑瘦瘦长腿善跑的小毛蟹“海马仔”。

但专捕螃蟹的渔家就不这么费事了。苏州人捕蟹是用篙引小舟沉铁脚网而捕之，这种办法称为“荡捕”。也有以两舟并列徐行，中施网而拦捕之，称为“摇江”。或利用螃蟹在秋冬之交自江顺流而归诸海的习性，而在江面编帘以障之，称为“蟹簖”，总要想尽办法，捕得蟹来大快朵颐一番。

吃蟹有一定的时间，夏天里的蟹，因稻未熟只能吃芦根，故瘠小而味腥，不堪一食，称为“芦根蟹”。要到八月以后，蟹才肥美，可充一食。但并不是每一种蟹都可以吃的，像有一种在田里面穴居的大毛蟹“蟚蜞”，就有毒而不可食。食家又有“九月团脐十月尖”之语，是说九月雌蟹好吃，十月雄蟹肥美。

吃蟹的方法很多，在南宋人吴自牧的《梦粱录》卷十六里，就提到“蟹肉馒头”和“蟹鲊”（腌蟹）；南宋人周密《武林旧事》卷六里也提到“炒螃蟹”，可见宋人吃蟹的方式。

晚明人张岱嗜蟹，在《陶庵梦忆》卷八里，有一则“蟹会”，谈他们吃蟹的情形很有意思：

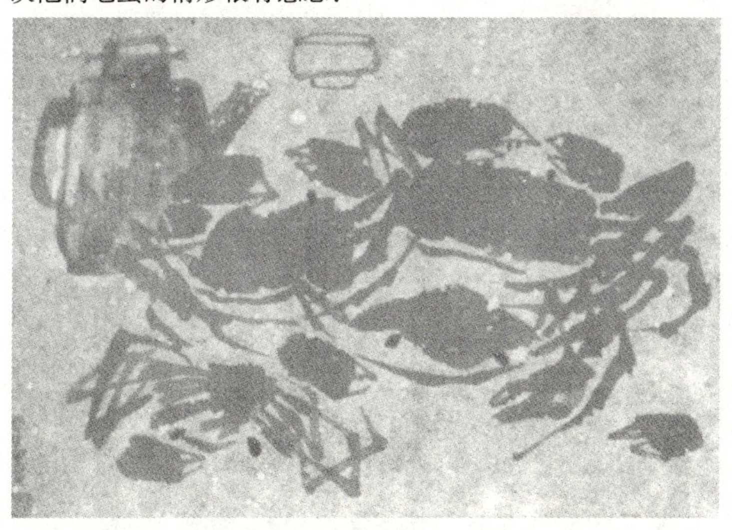

陈其宽《蟹》图

食品不加盐醋而五味全者，为蚶、为河蟹。河蟹至十月与稻粱俱肥，壳如盘大，中坟起，而紫螯巨如拳。小脚肉出，油油如螾蜑；掀其壳，膏腻堆积，如玉脂珀屑，团结不散，甘腴虽八珍不及。一到十月，余与友人兄弟辈立蟹会，期于午后至，煮蟹食之。人六只，恐冷腥，迭番煮之。从之以肥腊鸭牛乳酪，醉蚶如琥珀，以鸭汁煮白菜如玉版，果蓏以谢橘、以风栗、以风菱，饮以玉壶冰，蔬以兵坑笋，饭以新余杭白，漱以兰雪茶。繇(由)今思之，真如天厨仙供。酒醉饭饱，惭愧惭愧。

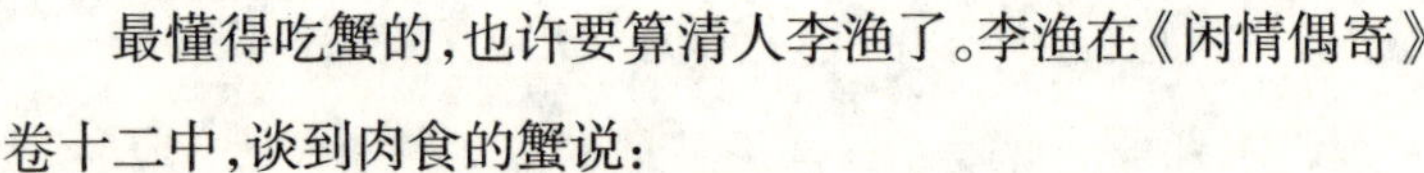

最懂得吃蟹的，也许要算清人李渔了。李渔在《闲情偶寄》卷十二中，谈到肉食的蟹说：

蟹之为物至美，而其味坏于食之之人。以之为羹者，鲜则鲜矣，而蟹之美质何在？以之为脍者，腻则腻矣，而蟹之真味不存。更可厌者，断为两截，和以油盐豆粉而煎之，使蟹之色、蟹之香与蟹之真味全失，此皆似嫉蟹之多味，忌蟹之美观，而多方蹂躏，使之泄气而变形者也。世间好物，利在孤行，蟹之鲜而肥、甘而腻、白似玉而黄似金，已造色香味三者之至极，更无一物可以上之；和以他味者，犹之以爝火助日，掬水益河，冀其有裨也，不亦难乎！凡食蟹者，只合全其故体，蒸而熟之，贮以冰盘，列之几上，听客自取自食，剖一匡、食一匡，断一螯、食一螯，则气与味纤毫不漏，出于蟹之躯壳者，即入于人之口腹，饮食之三昧，再有深于此者哉？

除了李渔强调的清蒸蟹外，醉蟹也是很好的一种吃法。醉蟹的做法是把米酒或白色的甜酒注于盆内，将蟹拭净后投入。等到蟹醉透不动了，取出将脐内泥沙除去，入椒盐一撮、茱萸一粒于脐中，纳于罐内，洒椒粒以原酒浇下，酒浸蟹平，封好，每日将罐摆动一次，半月即成可供食之醉蟹。

醉蟹常易变沙（脐肉化为沙）而不可食，一说因一罐中杂滲雌雄所致，一说酒不醇而混入酱所致，又一说取醉蟹时以灯照之所致。为避免蟹肉变沙，所以事先在脐中塞一粒茱萸，这样就万无一失了。在罐底放一块炭或少许皂荚或蒜，也可以达到同样的效果。

吃蟹要配酒，所谓“把酒持螯”也，所以晋人毕卓（茂世）要说：“左手持蟹螯，右手执酒杯，拍浮酒池中，足乐一生哉！”真是老饕之语。

螃蟹性寒有小毒，不可多食，多食动风、发霍乱。元人贾铭在《饮食须知》里也说：“风疾人不可食、妊妇食之损胎……不可同橘枣荆芥食，同柿食令成冷积腹痛，服木香汁可解。”

但言者谆谆，听者藐藐，对嗜蟹的人来说，那些告诫全是废话。在清人张贵胜的《遣愁集》里，有一则笑话说从前有一人吃蟹过多，以寒致疾。他的朋友劝他戒食，他便许愿说：“我有大愿，愿我来世，蟹亦不生，我亦不食。”蟹不能不生，嗜者当然也就理直气壮地大吃其蟹了！

古往今来说养鸡

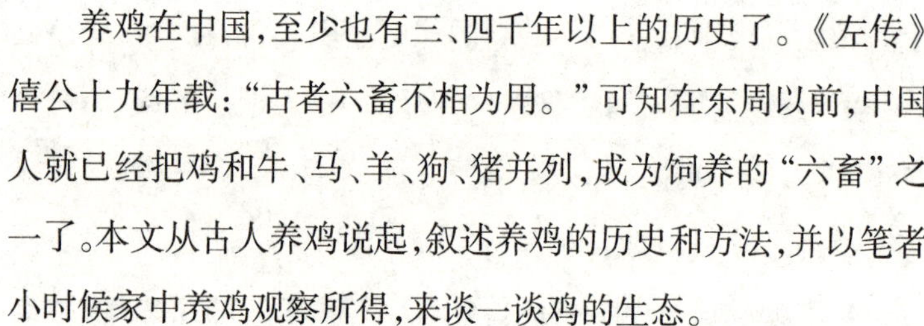

养鸡在中国，至少也有三、四千年以上的历史了。《左传》僖公十九年载："古者六畜不相为用。"可知在东周以前，中国人就已经把鸡和牛、马、羊、狗、猪并列，成为饲养的"六畜"之一了。本文从古人养鸡说起，叙述养鸡的历史和方法，并以笔者小时候家中养鸡观察所得，来谈一谈鸡的生态。

鸡栖于埘的田园景观

养鸡的历史或许比养牛、马或狗、猪稍晚，因为在山东历城县龙山镇城子崖下文化层发掘出土，属于新石器时代的"先殷文化"（通称"龙山文化"或"黑陶文化"，为后来的商朝所继承）里，虽有大量的猪、狗、马、牛、羊、兔、獐、鹿、麋等九种兽骨（其中以猪、狗骨最多，马、牛骨次之，羊、鹿骨又次之。）显示出畜牧业十分发达的迹象，但里面并没有鸡骨。

商朝时已经以鸡供食，成为家畜之一了；鸡的品种不详，或许是从某种野鸡或山鸡（雉）加以驯养而成为家鸡的。当时的猎品中还包括了雉，并以雉作为祭祀之物，一般人则吃鸡。

在周朝的文学作品《诗经》中，提到鸡的地方不少，像"鸡既鸣矣"、"女曰鸡鸣"、"风雨如晦，鸡鸣不已"等，说明了鸡和人们的生活息息相关，而鸡也是田园景观中不可缺少的一种家禽。

周朝时养鸡的方法，书上并没有详说，但《诗经》王风有一篇《君子于役》说：“君子于役，不知其期，曷至哉？鸡栖于埘，日之夕矣，羊牛下来……”可见当时是把鸡放养于野外，到晚上鸡再回到称为“埘”的窝里睡觉的。据宋儒朱熹注解，在土墙上凿个洞称为“埘”，鸡就栖息在土墙的洞里。

这种情形或许是为了适应气候较为严寒的北方；因为原诗为《王风》之一，是在周朝东都洛邑王城畿内方六百里之内流传的一首民谣，也就是今日河南省的洛阳附近。在洛阳养鸡，晚上把鸡放在户外恐怕要冻坏的；而江南尤其是岭南、台闽等地，由于气候温暖，鸡全养在户外；白天鸡在山坡草地上觅食，晚上喂食过后，鸡便飞上家旁的树枝间栖息。这样有好几个好处：既不花钉鸡笼的材料钱，又省了扫鸡舍的麻烦，还可以防小偷来偷鸡；因为栖

李毂摩《合家欢乐》

明　陈洪绶《博古叶子》画上乌氏倮养鸡情景

息在树上，可要比关在笼子里难偷多了。一直到近二十年，才因为地狭人稠，而把鸡关在笼子里养。

在东周末年时，秦国有位大畜牧家乌氏倮，他养了许多牛、羊、马、鸡等家畜，而后把它变卖了，换成丝缯绢物，献给戎王，戎王以十倍之价酬赏他。乌氏倮再以这笔钱买牲口来养，如此养几十年下来，乌氏倮的牛羊多得以“山谷”作单位来计算了。秦始皇甚而封他官位来奖励他。在晚明大画家陈洪绶描绘历史上名人名事，共计四十张一组的《博古叶子》木刻版画里，就有一幅画的是乌氏倮；图左的栅栏里是羊群，乌氏倮站在栅栏右边，正俯身观看栅栏前的一只公鸡和一只母鸡。图上方的评语夸赞道：“乌氏倮，为民治生，良以勤务。孳六畜，比都君。”这段故事原载于西汉太史公司马迁《史记》的《货殖列传》里，也可见周朝时人养鸡营利的风气。

《齐民要术》里的养鸡术

关于养鸡的方法，在后魏人贾思勰所撰的《齐民要术》这本书里，倒是有一些较为详尽的记述。《齐民要术》共分十卷，专谈耕种百谷养殖牲畜的方法，兼及种植果树、作酒作酱的秘诀和烹饪技巧等等，是我国最早的"农书"和"食经"。在该书卷六里，提到养鸡的方法时说（笔者将原文译为白话文）：

选择鸡的品种，以桑树落叶时孵出的小鸡较佳，春天和夏天生的小鸡不好；补救的办法是把春、夏天生的小鸡关在巢中，二十天不放出来，喂它吃干燥的饭粒；这样既可免老鹰来抓，干饭也可避免小鸡的脐带化脓。

夜晚时，鸡最好栖息在笼子里，笼子放的地方也要注意；这样子鸡易长易肥，又不怕有狐狸来偷吃。如果夜晚栖息在树林里，一遇到风寒，大鸡会变瘦受损，小鸡更容易夭折。

鸡怕柳木的柴薪。燃烧柳柴时冒出的烟，会把小鸡熏死，大鸡也会被熏瞎眼睛。

养鸡最好圈起来养，做一个四面都是土墙的院子，留个小门让鸡出入，把鸡的六翮斩去，鸡就飞不出墙外了。在院中设水槽，用小麦来喂食。在院中还有鸡栖脚的荆藩，荆藩高一尺左右。在墙上凿鸡窝，也一尺高左右，晚上鸡就有睡觉的地方了。院中的鸡粪要常常清扫，冬天要预备草窝让母鸡孵卵，其他时间让它在地上孵卵就可以了……

如果想吃鸡蛋，要把母鸡和公鸡隔开，把母鸡关起来，多喂它吃谷粒，自然会多生鸡蛋了。

以上虽不是专门、深入的养鸡术，但想想它是一千五百年前的人所写的，也就颇值珍惜了。

阉鸡和防鸡赖抱的方法

为了让公鸡长得更肥，常在它长到一斤重左右的时候把它阉了，像太监一样。阉过的公鸡会比母鸡更肥、比公鸡还大。

记得小时候，偶尔会有阉猪、阉鸡的人到村子里来；他背着一个小布囊，里面放着各种工具。每家把要阉的小公鸡先关在笼子里，他一只只地捉出来阉。只见他把鸡翅别好，在右翅下近胸处以小刀划开一个约一公分的口，把前端弯曲而扁平的小镊子伸进去，勾出公鸡的肾囊，挖掉肾囊，后把拖出的肠子放回去，再把伤口缝合。

刚阉过的小公鸡不能立刻进食，休息过一夜后，才能给它吃东西。以后它就比没阉过的公鸡长得快，可以重到八、九斤；而大公鸡通常才五、六斤而已。阉鸡的肉和母鸡一样的嫩，养一只阉鸡等于养两只母鸡，所以农家往往只留一、两只公鸡作种，其他的公鸡全都阉了。

阉鸡在古籍上也有记载，可见古代中国人已懂得这个办法了；在清人翟灏的《通俗编》卷十六里，提到南宋初年陆游门下的一位诗人戴复古有诗："区别邻家鸭，群分各线鸡。"戴复古自注云："阉鸡一线则一群，各线则别作一群。"可见至迟宋朝时中国人已开始把公鸡阉了饲养。但"线"应写作"鐵"（音"线"）才正确，明人尹直《蹇斋琐缀录》上面有个故事说："僧会郭师孔，少尝与芳洲同砚席。及芳洲自翰林归，以鐵鸡为贺礼，而误书鐵为线。芳洲改示之，僧会谢以一绝云：泉线不以散金同，错认鐵鸡用线缝；不是献芹将鄙意，肯教一字化愚蒙？"直到笔者小时候，家中养鸡请人来阉，母亲还是叫"鐵鸡"，可见此字之古老。

又清人梁绍壬《两般秋雨盦随笔》卷三"骟"条说："骟马宦牛、羯羊阉猪、镦鸡善狗净猫，皆阉也，见臞仙肘后经。马曰骒、亦曰犗，见说文。"这是说古时候对各种阉割的动物都有不同的动词，而阉鸡称"镦鸡"。"镦"字音"敦"，和前所云"线鸡"不同。

土种母鸡生蛋生了十五六个的时候，就不生了，开始准备孵小鸡；这时它每天只吃一次，偶尔喝点水，平时都静静地伏在窝里，把腹下的蛋盖得好好的了；如果有人靠近，母鸡会竖起全身的羽毛，口中"顾"的一长声，作威喝状，以吓走来犯者。一直要等二十一天过后，小鸡相继破壳而出，才算大功告成。这段孵卵的期间称为"赖毛"。

在清人《采蘅子》的《虫鸣漫录》卷一里，提到母鸡赖毛时说："……夫鸡生卵足数，必伏笫欲哺，俗名'赖毛'。"可见同一名称沿用不改的情形。

如果母鸡生的蛋给人吃了，到赖毛时无蛋可孵，它也不管，照样会伏在窝里，伏上二十一天。为了让母鸡提早“醒毠”，好早些恢复生蛋，家人的办法是用冷水喷赖毠母鸡的头；如果还不醒的话，则把母鸡抱出窝，把它的头浸在河水里，浸一下再把它扔到河中，它会奋翅作声，爬上岸来，抖一抖翅膀和全身的羽毛，抖落水珠后，鸡也醒毠了。

明人郎瑛在《七修类稿》卷四十七里，提到一个让母鸡多下蛋、不赖毠的方法说：“鸡下卵时，食内夹麻子喂之，则常下卵不抱矣。”麻子不知是大麻之种子，还是苎麻的种子。

又同书上记载了一则《肥鸡鸭法》说：“喂鸡鸭以土硫黄研细拌食即肥。”都是古人的养鸡经验与心得。

鸡的生态与习性

小时候家中养鸡，那只黑色的老母鸡咕咕作声地带领着十几只比鸡蛋大不了多少、一团团毛绒绒的小鸡们四处觅食的情景，在脑海中留下很深的印象。

刚出壳的小鸡比鸡蛋大不了多少，圆滚滚的像一团绒毛，十分可爱。十几只小鸡有黄的、有花的、有黑的，全钻在母鸡的肚子下、翅膀下取暖；调皮的偶尔会探出个小脑袋往外张望。

不管母鸡如何发声示威抗议，我们常常会顽皮地从母鸡肚子下拖出一只小鸡来，放在手掌上玩。这时老母鸡会“咕——咕——”地召唤小鸡，要它回来；小鸡也因落单了，发出“啾，啾，”响亮的鸣声，来表示它的着急（小鸡在觅食时如果落单了，也会发出这种叫声），这种鸣声和它平时急促而小声的

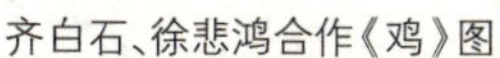

齐白石、徐悲鸿合作《鸡》图

“吱——吱——”声有显著的差异；小鸡只有这两种叫声。

母鸡会叫的声音可多了；除了“顾——”拖长的吃惊兼示威声和“咕——咕——”的召唤幼雏声外，在找到吃的东西时，它会发出“咽咽咽”连续而细碎的鸣声，一面叼起食物、放到地下，再叼起、再放下，直到小鸡来抢走为止。

母鸡要生蛋时,会发出“咯——咯咯咯”的声音,一面四处找窝,有时像怀疑它是否安全般地在窝旁转了半天,才下定决心钻进窝里去生蛋。大约过了七、八分钟,有时十几分钟,母鸡把蛋生下来了;生蛋时,它把本来是伏着的身子立起来,连全身羽毛都竖立着,拼命似的用力把蛋从肚里往外挤,“通”的一声蛋掉在草堆做成的窝里了。休息片刻,母鸡再跳出窝,“咯咯咯咖——咯咯”大声地鸣叫着,骄傲地向全世界宣告它的成绩。窝中的蛋它可不管了,多半由我们料理善后,或吃了或放在鞋盒里准备让它孵小鸡。

要打算孵小鸡,母鸡群里得有公鸡才行,一只公鸡能应付四、五只母鸡,因此它也常常要拥有“三妻四妾”,当别的公鸡走近时,它会迎上去,飞跃起来用尖喙和利爪攻击对方,直到赶跑敌人为止。

公鸡向母鸡求爱时也很有趣,它会靠近母鸡身旁约半尺,把向着母鸡一边的翅膀垂下缩起、缩起垂下,用这种方法让翅膀急速摩擦身体发出响声,同时缩起单脚围着母鸡低头打转,像跳舞似的转上半圈;如果母鸡不理睬它时,它可以连舞上两三次,母鸡如果高兴了,会低头对公鸡发出“咕咕”的声音。有时候母鸡也不理睬、自顾自地继续觅食,公鸡碰到这种情形多半也就走开、算了,但有时候不管母鸡同不同意,它会从后面踏到母鸡身上、用尖喙叼紧母鸡头上的肉瘤,来个“霸王硬上弓”。好在公鸡“性急”,顶多三、五秒钟就完事了,这是母鸡站起了被压伏在地上的身子,像抖掉“晦气”般地抖抖全身的羽翅，也就若无其事地走开了。

母鸡疼小鸡，会把找到的食物让给小鸡吃，而公鸡则会疼母鸡，找到食物时，口里会发出和母鸡召唤小鸡吃食同样的鸣声，而这时它所有的“妻妾”——母鸡们全会一拥而上地前来争食，场面热闹而有趣。

公鸡的鸣声里，有一种是母鸡学不来的——清晨破晓时的啼声。这种鸣声多半是“谷顾谷——顾”，而非儿歌里所说的“喔喔喔”。

最恨雄鸡啼叫时

对于雄鸡的啼晓，小说家有很天真的幻想，在传为汉东方朔所著的《神异经》里说：“大荒之东，极至鬼府山臂，沃椒山脚。巨洋海中，升载海日。盖扶桑山有玉鸡，玉鸡鸣则金鸡鸣，金鸡鸣则石鸡鸣，石鸡鸣则天下之鸡悉鸣，潮水应之矣。”

但鸡声代表了天将晓，夫妇和情人也到了分手的时刻，因此情人最恨鸡鸣了。

像《诗经》郑风里说：

> 女曰鸡鸣，士曰昧（未）旦：
> 子兴（起）视夜，明星有烂……

又齐风里说：

鸡既鸣矣，朝既盈矣……

都是形容妻子听到公鸡叫提醒丈夫快起身，准备去“打卡”的情景。

五代人王仁裕在《开元天宝遗事》里，也提到长安名妓刘国容在和其爱人郭昭述分手时，如此写道：

欢寝方浓，恨鸡声之断爱。

这样看来，公鸡真是不解风情了；难怪六朝时的“读曲歌”里有一首要说：

打杀长鸣鸡，弹去乌臼鸟；

愿得连冥不复曙，一年都(只)一晓。

鸡鸣则为情人所憎，不鸣又有亏职守，看来不仅是做人难，做鸡也不容易呢！

民俗学里的鸡与鸡蛋

远古以来，鸡就是人类的家禽之一了。这种源远流长的亲密关系，使人类不但对鸡的生态了若指掌，还发展出一些与鸡有关的礼俗仪式来。像用鸡骨来卜卦、用鸡的举止鸣叫来预测某些即将发生的事情、以雄鸡来代替新郎拜堂等等，十分有趣。

鸡和鸡蛋的占卜法

大家都知道，把龟的腹壳中央钻个小孔（以不要钻透为度）放在火上烤，看它的裂纹来占卜某些事情的吉凶，是殷商时代黄河流域的人们常用的办法，但是在中国的南方，三千年前便使用另一种占卜的方法，称之为“鸡卜”。

据《史记》一书的《孝武本纪》所载“乃令越巫立越祝祠，亦祠天神上帝百鬼，而以鸡卜；上信之，越祠鸡卜始用焉。”这段话说汉武帝时南方的越（今浙江省境内）开始建立“越祝祠”，用鸡卜法来预测某些事情的吉凶。但鸡卜的过程如何呢？

根据唐人张守节注解《史记》的《史记正义》所云，鸡卜的方法是这样的：用一只活的鸡和一条活的狗来对天祝愿，说明预卜的事物；而后杀鸡狗煮熟了，把鸡肉狗肉再对天奉祭。而后单单挑出鸡两眼之骨，看骨上的裂痕，如果裂纹像人物的形状则表示吉，否则凶。

张守节说“今（唐朝）岭南犹行此法也”，一则说明了由汉至唐，鸡卜一直是人们占卜的方法之一，再则也显示鸡卜法逐渐从浙江传到岭南一带的情形。

民初人徐悲鸿《绿竹与母鸡》

宋朝时，南方人仍以鸡卜来预测事之凶吉，但方法已有所改变。据宋人范成大《桂海虞衡志》里的记载说:“鸡卜，南人占法，以雄鸡雏（童子鸡）执其两足,焚香祷所占,扑鸡杀之,拔两股骨净洗,线束之,以竹筵插束处,使两骨相背于筵端,执竹再祝,左骨为侬,侬,我也;右骨为人,人,所占事也。视两骨之侧所有细窍,以细竹筵长寸余遍插之,斜直偏正,各随窍之自然,以定吉凶;其法有十八变,大抵直而正、或近骨者多吉,曲而斜、或远骨者多凶。亦有用鸡卵卜者,握卵以卜,书墨于壳,记其四维,煮熟,横截视当墨处,辨壳中白之厚薄,以定侬人之吉凶。”

这些利用鸡或鸡蛋来占卜的法术,一直到晚近仍流行于乡间。把民初时民俗学家在各地方调查记录的资料汇集成书的《中国风情八〇〇种》里,就说四川省乡间之人生病了,以为是鬼作祟，请仙娘（女巫）来“看蛋”，看蛋是把蛋打破置于水碗中，看蛋白散布情形，而决定病者犯了什么鬼怪，以便禳解。这种巫术让人想起欧洲中古时代就开始流行的锡卜法，把锡在火上烧熔化了之后，倒入冷水中，看它凝结成的形状来占卜事物的吉凶。

同书又说广东人偶遇疑难之事，用鸡占卜，称为“打鸡卦”。还说广西省苗人将葬其亲，以鸡蛋掷地，视蛋不碎之处（想必是多草或多沙之地吧），即以为吉壤，而葬其亲。约略可见鸡卜的悠久历史和大致的演变。

正月初一称为鸡日

远古时代，由于医药不发达而致疾疫横行，人们对具有传染性的疫疾尤其害怕，以为是疫鬼作祟，因此在岁暮时宫廷百官有戴面具驱疫鬼的“大傩”仪式，而民间百姓在新年元旦时也举行各种逐疫礼，其中包括了杀鸡逐疫的习俗。

东汉人董勋说：“今正腊旦，门前作烟火桃神、绞索松柏、杀鸡着门户。逐疫礼也。”放烟火驱逐疫鬼，在桃木板上刻画神荼郁垒来赶鬼，把象征着长青不死的松柏枝悬挂在门旁，其逐疫的意义都可以理解，把鸡宰了挂在门上，如何可以逐疫呢？

原来鸡叫代表天快亮了，而民间相传百鬼只能在黑夜里害人，天一亮，鬼就全要赶回它们住的度朔山上；因此鬼最怕听到鸡叫，连带地也对鸡畏惧三分，而术书《图纂》上也说：“鸡鹅属东方阳气，而雄鸡尤雄，故鸡鬼为甚疾。”（见明人方以智

《物理小识》引）既然鬼最怕鸡，在门上挂只死鸡（活的鸡恐怕不会这么老实地待在门上），当然可以把鬼吓跑，不至于上门来施灾降祸了。

南北朝时代，这种习俗稍有改变，据梁人宗懔《荆楚岁时记》所载，江南人在新年这天“帖画鸡户上，悬苇索于其上，插桃符其傍，百鬼畏之。”鬼还是要赶的，但方法稍稍不同了，不再在门上挂只死鸡，而是在门上画只鸡了；这样比较人道些、也比较卫生些。

为何不杀鸡了呢？原来汉朝以后，道家创出了一套学说，以为上帝最先创造了鸡，第二天才创造了狗，第三天羊、第四天猪、第五天牛、第六天马、第七天才创造了人，而把正月初一称为“鸡日”、初二为“狗日”、初三为“羊日”……以迄正月七日的“人日”；一方面“其日晴，则所主之物育，阴则灾。”（见宋人洪迈《容斋五笔》）另一方面，则“一日不杀鸡、二日不杀狗、三日不杀羊、四日不杀猪、五日不杀牛、六日不杀马、七日不行刑。”（见《荆楚岁时记》唐人王谟注）正因为一日不杀鸡，所以当时江南人在新年元旦这天，改在门上画鸡，或挂上用五彩绸缎和丝线所扎成的假鸡来驱鬼。

鸡的隐语两个极端

关于鸡所代表的意义，在中国所呈现的是两个极端，鸡象征了某些吉祥的意义，也在某些色情隐语中插上一脚。

在民间的吉祥图案里，鸡可是出尽了风头，像在一丛牡丹

花下面画一只引颈而鸣的公鸡，称为“功名富贵”，这是因为牡丹寓意富贵，而“公鸡”的“公”与“功”同音，“鸣”与“名”同音的关系；功名富贵是绝大多数人所向往的人生目标。

又如《五子登科》图，在鸡窝里画了五只小鸡和一只公鸡，因为鸡窝可写作“窠”，与“科”同音，五只小鸡则代表五子，五子登科是祝贺他人家中儿孙个个都能金榜题名、成为达官显宦的意思。

又如在公鸡的头上画一枝鸡冠花，以“冠”和“官”同音而变成一幅《官上加官》，贺人官运亨通、连连高升的吉祥话。这些都是鸡所代表的吉祥意义。

近人陈丹诚《雄风》

但是在另一方面，民间也以鸡来隐射一些色情的事物；像称妓女为“野鸡”，称压榨女人、吃软饭的男人为“竹鸡”，称捉奸为“捉黄脚鸡”，两个男人发生性行为称为“鸡奸”等等，似乎也说明了鸡在自然生态中的另一面。

新郎不在 公鸡拜堂

在广东省东部一带的客家人，大多在南洋群岛谋生，他们去国时只不过是十几岁未成年的孩子，等到在当地赚了点钱、年龄也到该结婚的时候，因为嫌侨居地的土女不会掌管家务，而自己回乡成亲的旅费又太重，便捎个信或寄张照片回家，托媒人说成一门婚事。但是行婚礼时，良人远在千里之外，而这件事又不能找别人代劳，因此这份幸运的差使便落到公鸡的身上了。

也有时，某家人祈子不得，便先替未出世的儿子娶老婆，新娘入门时，以公鸡来拜堂，这样的新娘称为“等郎妹”，这样的婚礼称为“鸡拜堂”。在流传于广东省的一首客家民谣《等郎妹》里，就有下面的几句：“嫁到李家去等郎，捉只雄鸡同拜堂；人同畜牲结夫妇，还说规矩是这样。”也可以作为这种风格的一个文字佐证。

对于拜堂公鸡的选择，在当地有以下的几个条件：一是要母鸡第一窝孵出来的雄鸡，二是精神焕发、毫无病态，三是重量必须与新郎年龄的尾数相同。

雄鸡一旦入选，身价立即随之而增；于是它有了新的住宅，不跟其他的鸡往来，而独自关在新的鸡笼里，鸡笼上还拴红布条，贴上“吉鸡”的红纸。食物方面也大为改善，每餐有虾蟹、谷子等等，这份殊荣一直要到新娘“拜天地”之后才停止。

拜天地时，由新郎的亲戚中挑选一位女性来提着鸡笼，让鸡笼里的公鸡和新娘完成婚礼，此后新娘就算是新郎家里的一分子了。

鸡的举止占卜未来

因为鸡是农村社会里最常见的家禽，人们眼睛看的、耳朵听的，总离不开鸡，因此对鸡的生态观察入微；当鸡有些不寻常的举止时，人们也能够很快地发现，并且附会出一套占卜未来的解释。

像浙江湖州人看见鸡飞上屋，认为是将有火灾的征兆，浙江余姚人对鸡飞上屋，也认为是不吉之兆。又母鸡学公鸡叫，这称作“牝鸡司晨”，在中国各地都认为是不吉祥的事。

公鸡应该是在天快亮时才叫，如果半夜里乱啼叫，这是失鸣的“荒鸡”，在船家来说表示将有火灾发生。明代风流传奇《刁刘氏演义》第一回里说：“……忽然听得船梢后一只网鱼船上雄鸡啼声，桂童听了奇异道，天色未明那里来的雄鸡会得啼叫？那只网鱼船上不遭火烧必遭祸殃……”看来船家最好别在船上养鸡了。

在晚明人方以智的《物理小识》中，还提到一些与鸡有关的征兆和禳解之法；如“老鸡人言，杀之则已”意思是说鸡的年岁大了，开始学说人话时，是不祥之兆，赶快把它杀了以消弭灾祸。又说“黄昏鸣，主有天恩，非荒鸡类也。”表示鸡在黄昏鸣叫，是和夜半鸣叫的“荒鸡”不同，表示将有好事临头。又说“烧雄鸡入酒饮，所求必得。”这大概是指把鸡烧成灰，渗入酒中饮用，而非今日大家常吃的“烧酒鸡”吧！不然怎没听说吃了烧酒鸡，买爱国奖券保准中头奖的事？

又清朝时北京人还以公鸡母鸡的异常举止来预测天气，郝懿行在《晒书堂笔录》里说：“嘉庆丙寅（公元一八〇六年），余在都门，四月十八日，夜漏下三十刻，群鸡出庭，行且步，如相对语，不可了，已复作吟啸声，有顷寂然，余窃疑怪。有老妪曰：‘斯所谓鸡愁者也。’又称里语曰：‘公鸡愁，淋破头；母鸡愁，晒破头。’”鸡干吗愁天气的好坏？公鸡为什么讨厌雨天、母鸡为什么讨厌晴天？原作者并没有问个清楚，而这似乎也只是没有答案，没有道理的俗信。

鸡蛋的巫术力量

鸡蛋在今天是最寻常的食品之一，食谱中还有一本专门谈鸡蛋的各种吃法，居然罗列了一百种用鸡蛋来做的菜肴点心。但是古代中国人除了吃蛋以外，并且还认为鸡蛋具有某种神奇的力量。

在《荆楚岁时记》这本书里就说“正月一日……长幼悉正衣冠……各进一鸡子。”为何要在元旦吃鸡蛋呢？周处《风土记》里有一段语焉不详的解释：“正旦当生吞鸡子一枚，谓之‘练形’。”何以吞生鸡蛋就称作“练形”？“练形”有何好处？

周处都没有作进一步的说明。

不过，古代的术书上，倒是曾经说过鸡蛋的巫术力量；在一本名叫《练化篇》的书里说："正月旦，吞鸡子，赤豆（红豆）七枚，辟瘟气。"原来鸡蛋有辟瘟的功用，这和前面说的鸡能辟鬼魅，是同样的道理吧！

民国十七年，一位潮州籍的民俗学者陈若水，在其《鸡蛋的伟大》一文里，提到鸡蛋在潮州人订婚、结婚、生子、久出门归家和初赴戚家时，都是不可少的礼物和食品；馈赠鸡蛋之数，最少需要二枚，通常送四枚至八枚，如果送十二枚时，就是最隆重的大礼了。订婚时皆宜送十二枚鸡蛋，生子及出门归家时则没有这种限制。馈送亲友的鸡蛋上都贴有菱形的小红纸块，以示吉祥之意。受赠的人家往往只收二枚，以示领情。

亲友病愈时，也需送十一枚鸡蛋以祝病人今后身体健康，这种馈礼，鸡蛋上不贴红纸，受者也必须全数收下；十一等于一，送十一枚表示只此一次，以后不再生病了。

更有趣的是小孩不小心跌倒了，额头上肿起个包，做母亲的便立刻去找个新鲜鸡蛋，在肿起的部位用蛋转上几转，意思是借鸡蛋的巫术力量来消痛消肿；而后，这个蛋就属于这个小孩的了，吃饭时，跌倒的孩子就可独自享受这个属于他的鸡蛋，也包含了安慰他的意思在里面。

鸡和鸡蛋在民俗学里有这许多意义，真是让人始料未及之事啊！

谈蛊色变

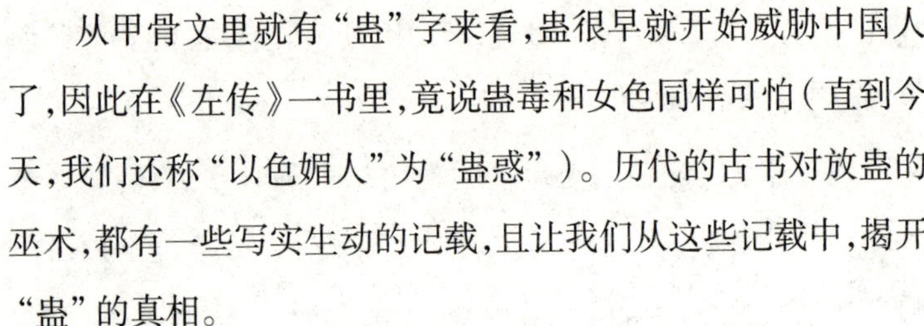

从甲骨文里就有“蛊”字来看，蛊很早就开始威胁中国人了，因此在《左传》一书里，竟说蛊毒和女色同样可怕（直到今天，我们还称“以色媚人”为“蛊惑”）。历代的古书对放蛊的巫术，都有一些写实生动的记载，且让我们从这些记载中，揭开“蛊”的真相。

养蛊放蛊匪夷所思

从字形上来看，“蛊”是把许多虫放在器皿中制成的，但制蛊是一件既麻烦、又危险的工作。对日抗战期间，一位佚名的汉人向四川调查“蛊”的真相，写了一篇《夷女养蛊》的短文，他说夷人在养蛊之前，要把正厅打扫得干干净净，全家老小都斋戒沐浴之后，在祖宗神位前焚香点烛，对天地鬼神默祷。而后在正厅的中央，挖一个大坑，埋下一个大肚小口的瓮缸，缸口与土齐平。等到阴历五月五日端阳节这天，趁阳气极盛之时，到田野里捉十二种爬虫（有翅会飞的，四脚会跑的一律不要），诸如毒蛇、蜈蚣、蜥蜴、蚯蚓、蒺螂……置于瓮中，以盖封住瓮口。此后的一年内，全家人在每天临睡前和早起后，都要祷告一次，不可间断。并且养蛊和祷告的事不能让外人知道，否则蛊成后会立刻加害主人。

在一年中，瓮中的爬虫互相吞咽，强壮吃弱小的、毒多吃毒少的，最后只剩下了一个；它因吞食了其他毒虫，而改变了自己的形态颜色，便成了奇特的蛊。

蛊已成形后，主人便把瓮缸挖出，另外放在一个不透空气和光线的密室中藏着，这时的蛊长约三尺，每天要喂它吃猪油炒鸡蛋、猪肉、鸡肉、米饭，这样过三、四年后，蛊已长成一丈多长，主人便可以选一个良辰吉日打开瓮盖，蛊便自己飞出去吃人的精魄，而不需主人喂食了。不过每年旧历的六月二十四至二十六这三天，仍要以鸡、羊、猪各一只煮熟，于夜晚投入瓮中祠之。

另一种说法是蛊成之后，把它的粪研成粉末，置于饮食之中，人吃下后，便化成毒虫在人体内把五脏六腑吃个稀烂，最后落得“尸皆成血水，骨节有虫眼”。（清人丁耀亢在《续金瓶梅》第二回里，称这种有蛊毒的食物为“漏脯”。）也有把蛊药放在石头或竹篾上，称为“石头蛊”、“篾片蛊”，把它放在路上，行人经过时，石头和篾片便钻入人体，蛊毒大作，使其人消瘦而死。也有在煮泥鳅的水里放蛊药，这样，煮熟的泥鳅下肚后便会复活，在体内上下钻动，称为“泥鳅蛊”，真是形形色色，防不胜防。

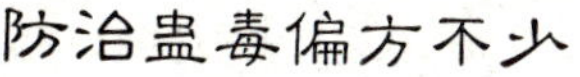

蛊毒发作时十分痛苦，如果中的是“蛇蛊”，初则上吐下泻、食欲不振，继而肚胀口腥、面红额热，体内只觉蛊虫行走，不出三十日便死；如果中的是“金蚕蛊”，则将胸腹绞痛、肚胀如

瓮，七孔流血而死……等到蛊毒发作时，挽救已经来不及了。因此对一个踏入苗疆的人来说，辨别养蛊之家、侦测中蛊迹象才是最重要的。

据说养蛊人家的屋子都十分整洁、无尘灰蛛网，如果你在进屋时，用鞋跟在门限上一踢，回头看见门限上的沙土忽然消失了，那小心这家可是养蛊人家了。主人若在食物中下蛊，必须以筷子末端敲击桌面或杯碗，蛊毒才会奏效，当主人有上述举动时，桌上的食物千万别吃。吃也要把第一口吐在地上，蛊怕秽便跑开了。吃东西之前，先嚼点随身携带的甘草片或蒜头，也可以杀死食物中的蛊毒。

但有些蛊不必经过食物，便能进入人体，如果怀疑自己可能中蛊时，该怎样侦测呢？有以下三个方法来试验；一是嚼食生黄豆，如果不觉其腥味，便是中毒；二是嚼甘草而咽其汁，若有呕吐现象则是中毒；三是插银针于一煮熟的鸭蛋内，含入口中，一小时后取出检查，如果蛋白变黑，则是中毒。

如果发现中蛊了，普通的解毒方是用雄黄、蒜头、菖蒲三味药以滚水吞服以泻其毒，也有人说浓煎石榴根皮汁饮之可吐蛊立愈，或以白矾、牙茶捣末冷水饮之，或以甘草、生姜煎水饮之……灵或不灵，也只有中蛊的人知道了。

下蛊羁留人

养蛊过程之艰难繁琐已如前述，但人乐养之，因为他们相信蛊的灵气可以给主人带来好运，无论升官、发财、求子……都

清刊《挑灯新录》描写中蛊情景

能随心所欲；此外，蛊还是威胁他人，尤其是威胁薄幸汉人的最佳工具。

由于苗女大多有“愿嫁汉家郎”的虚荣心理，而对踏进苗疆做生意的汉人大有好感，所以两广流行一句谚语说：“广西有一留人洞，广东有一望夫山。”汉人入境，常常趁机玩弄苗女的感情，事后一走了之。于是汉人临走前，苗女便在食物中下蛊，而保留了解药。如果汉人在约定的时间里不回苗疆报到，便会毒发身死，汉人只好乖乖回来了。在宋人李石的《续博物志》卷六里，便有一段话提到这种情形，而要南游的人特别小心：

“北人淫南妇，辞归，以毒置食，约以年月复还，解以他药，不尔，毒发死矣，谓之‘定年药’，南游者宜志之。”

养蛊人家下场悲惨

天下无十全十美之事，养蛊有其利必有其弊，据说施蛊者，在未施法术之前，要在“孤”、“贫”、“夭”当中挑一种当作自己一生的下场，这样巫蛊之术才会灵验。此外，蛊的生死关系着养蛊人家的存亡，如果蛊被法力高强的巫师收了，养蛊的这家人便会诸事不宜相继而亡。而蛊养久了，也会对主人不利，所以主人末了总想把蛊驱走，尤其是“金蚕蛊”，称作“嫁金蚕”。嫁时把一包银子、一包香灰（即金蚕）放在路上，要养金蚕的人可连银子一起带走，不知情的人误取银包，金蚕也会跟他去。

在福建省龙溪县流传了一则与金蚕有关的故事，说一个穷光棍在路上看见一包银子和一包香灰，他知道这是嫁金蚕的，但他只想要银子，于是捡起了银子就拼命逃跑，心想只要自己泅过河，金蚕就不会跟来了；其实金蚕早爬上他头上的斗笠了。

不料泅过河中央时，因水深把斗笠漂走了，金蚕也就随波漂去，后来有人拾了斗笠，挂在树上，树便枯死了。穷光棍得了这包银子，几年后成家立业居然成了富翁。一天，他带儿子来到河边，儿子问这树为何枯死？父亲把金蚕的故事说给他听。这时金蚕还在树上，知道这位富翁就是它的仇人，立刻跑下来把富翁的精魂吃去，富翁不久就变黄变瘦而死了。

最后要引一段晋人干宝《搜神记》里的故事，看看养蛊人家的悲惨下场。在《搜神记》卷十二里说：荥阳县（今河南省成皋县西南）有一家人姓廖，几代都以养蛊为业，而成为豪富之家。后来新娶了一个媳妇，廖家没把养蛊这件事告诉她。有一天全家人都出门了，只剩下新媳妇看家。她突然发现屋里有一口大缸，便好奇地打开缸盖，见里面蜷曲着一条大蛇，便煮开水把蛇浇死。等到家人回来，新媳妇把这件事向公婆禀告，一家人都十分惊慌，没多久，廖家就流行瘟疫而死绝了。

老鼠面面观

你身躯儿小，胆儿大，嘴儿尖，忒泼皮，见了人藏藏躲躲，耳边厢叫叫唧唧。搅混人半夜三更不睡。不行正人伦，偏好钻穴隙，更有一桩儿不老实，到底改不了偷馋抹嘴。

——明人兰陵笑笑生《咏鼠》

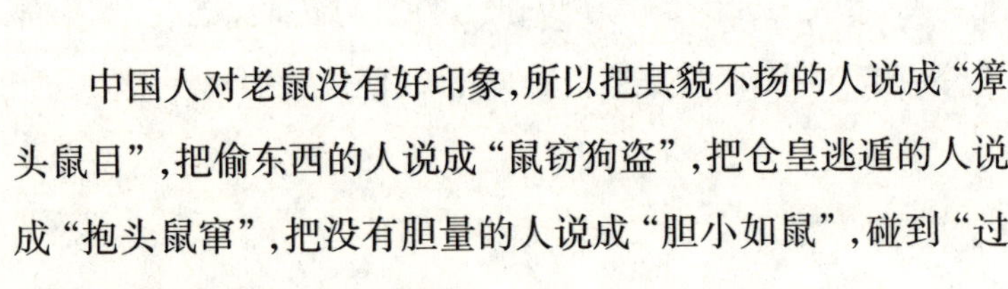

中国人对老鼠没有好印象，所以把其貌不扬的人说成“獐头鼠目”，把偷东西的人说成“鼠窃狗盗”，把仓皇逃遁的人说成“抱头鼠窜”，把没有胆量的人说成“胆小如鼠”，碰到“过街的老鼠”更是“人人喊打”。

老鼠也实在令人讨厌，它除了会传播鼠疫（黑死病）之外，更无情地吃掉农人们辛苦种植的稼禾，北京人径称老鼠为“耗子”——消耗粮食的小子，道理在此。

在哺乳类动物里，老鼠是一种聪明、谨慎、好吃、繁殖力强而又本领高强的动物，所以全世界都有它的踪迹。

先说老鼠的本领，它不但会飞檐走壁，还会游泳——每分钟至少游二十五公尺，爬绳缘索而行更是看家本领，平滑的墙壁上它也能奔走一两丈远，没有它到不了的地方。

老鼠的聪明也实在令人惊叹，它会把尾巴伸进瓶口细小的

清　吴友如《东坡赋鼠》

油瓶里,等浸透了油再拉出来,弯到嘴边慢慢享受;也会两只老鼠合窃鸡蛋——一只老鼠四脚朝天抱好鸡蛋,另一只老鼠用嘴咬着前一只老鼠的尾巴朝窝里跑。

宋儒苏东坡有天夜晚躺在床上,听见老鼠在偷吃东西,过了一会儿,又听见老鼠钻进食盆里跑不出来,发出吱吱的呼救声,便呼童仆持烛照视,见食盆里躺了一只死老鼠,童仆惊讶地说:“刚刚还在吃东西,怎么一下子就死掉了?”便把食盆翻转倒出死鼠。哪知鼠一着地,立刻窜逃而去,才知刚才是诈死,等待死里逃生的机会。苏东坡大为赞佩，还写了一篇《黠鼠赋》记述此事呢！

由于老鼠没有攻击能力、没有自卫能力，它只好靠小心谨慎来保护自己，遇到危险时更是跑得比谁都快。《说文》上就说："鼠性疑，出穴多不果，故持两端谓之'首鼠'。"老鼠的这份谨慎，看在人们的眼里，却成了胆小。所以民初江介石编著《趣味集》里，有一则"何能为人"的奇谭就讥笑它说："鼠畏猫，思欲变猫，又思猫畏犬；欲变犬，又思犬畏虎；欲变虎，又思虎畏狮；欲变狮，又思狮畏猎人；欲变猎人。鼠父斥之曰：'人贵有胆，汝无往不有所畏，胆小如此，何能为人？不如仍去为鼠好。'"其实人类比鼠还胆小谨慎的，也比比皆是呢！

老鼠很贪吃，各种物品都要尝尝滋味，从五谷杂粮、糖果饼干，到田野里的果食菜根、荒葬堆里的遗尸腐体，到蚕室里的春蚕、标本室里的昆虫……都是它窃食的对象；就因为它什么都吃，才不致有匮粮之虞。

老鼠的繁殖力也颇为惊人，一对玄鼠在一年里就可以"五世其昌"，四年就可生出一百七十六万三千四百只老鼠。野鼠的繁殖力更可怕，四年里可产生一亿一千六百八十二万七千九百二十只老鼠来，难怪成语里有"鼠辈横行"这句话。

虽然人人都讨厌老鼠，可是它对人类也有些许贡献；像鼠须可制名笔，晋人王羲之《笔经》载："世传张芝、钟繇用鼠须笔，笔锋劲强有锋芒。"王羲之得意的《兰亭序》也是用鼠须笔写出来的。宋儒苏东坡的《月塔铭》也是用鼠须笔、李廷珪墨写

近人欧豪年画偷油吃的家鼠

近人高剑父画窃食枇杷的老鼠

在澄心堂纸上，才能将他的书法表现得淋漓尽致。

老鼠肉也是美味佳肴，岭南人就特别欣赏老鼠肉，把田鼠皮剥了，斩去头尾四爪，洗净内脏，或红烧、或片炒或灌香肠、或煨补汤，吃得津津有味；所以他们称老鼠为“家鹿”。广东人不但吃大老鼠，还吃刚出娘胎，眼睛还没睁开、浑身红彤彤、蠕蠕而动的鼠胎。他们找到鼠窝后，先用蜂蜜喂养鼠胎，养个两三天之后才端上桌生吃。由于筷子夹起鼠胎时，小鼠会吓得唧唧作声，所以这道名菜又叫“蜜唧唧”。

唐朝以前，岭南人就吃“蜜唧唧”了，唐人张文成《朝野佥载》上就说：“岭南獠民，好为蜜唧，即鼠胎未瞬（睁目）、通身赤蠕者，饲之以蜜，钉之筵上，嗫嗫而行，以筋挟取啖之，唧唧作声，故曰‘蜜唧’。”

您或许会嫌吃老鼠肉恶心，可是中国人在遇到饥荒或身陷围城之中时，老鼠肉还是名贵的事物呢。西汉武帝时，苏武出使匈奴，被拘留放逐到北海牧羊，在廪食不继时，苏武就曾经掘野鼠而食；事见《汉书》苏武传。《三国志·魏志》臧洪传上也说：“洪领青州，袁绍围之，粮尽，掘鼠为食。”明人杨循吉《吴中故语》中也说：“……张士诚据有吴浙，僭王自立。至勤王师钟鼓声伐，螳臂自卫，天下笑之。当是时，太傅中山武宁王（徐达）实为元帅，以长围围城，城中被困者九月，资粮尽罄，一鼠至费百钱……”为了求生，人肉都吃了，何况鼠肉？

恋爱中的少女，把畏首畏尾、翻墙钻穴来偷香的情郎看成老鼠是常有的事，像明人冯梦龙辑集的苏州民谣《山歌》里，就

有一首"老鼠"说："郎儿生得好像老鼠一般般，夜里出去偷情日里闲；未到黄昏出来张了看，但等无人只一钻。（白）只一钻，只一钻，阿奴欢喜小尖酸，来去身松快便，两只眼睛谷碌碌会看会观；听得人声一躲，火光背后就缩做子（了）一团。能会巴檐上屋，又会缘柱爬梁，也弗怕铜墙铁壁，也弗怕户闭门关，也勿怕竹签芭隔，也弗怕直楞窗盘。一夜子钻进子我个屋里，走到子我个房前；扯着子个房帘上金铃索声能介一响，吓得我冷汗直钻。我里个阿爹慌忙咳嗽，我里个阿娘口里开谈，便话道：'阿囡啥响？'我明明里晓得你臭贼，做势困着弗敢开言。个个臭贼当时使一个计较，立地就用一个机关，口里谷谷声做介两声婆鸡（老鼠）叫活像，连连声数介两声铜钱。我里阿爹说道：'老阿妈，你小心些火烛！'阿娘说道：'老老呀，没介[illegible]个报应，明朝早些起来，求介一条灵签。'我里个臭贼听得子一发胆大，连忙对子我被里一钻，就要搭小阿奴奴不三不四，不四不三，一张嘴好似石块，一双脚好像冰团。（黄莺儿）两脚像冰团，被窝中快快钻，偷油手段把偷香按。虽然心未安，得欢且欢。只愁五个更儿短，嘱付俏心肝：'他老人家醒困，须是悄悄好遮瞒。'（歌）姐道：'我郎呀，你没要爬爬懒懒介趁意利，惊动我里斗角落里困猫团。'"

虽然语语讥诮，实在却是万褒于贬呢！

老鼠的种类和数量都多得惊人，在古籍里也提到过许多鼠辈，以下为您一一道来。

硕　鼠

硕鼠就是大鼠,《诗经》魏风“硕鼠”说:“硕鼠硕鼠,无食我黍。”可见它在三、四千年前就专以人们的农作物为食,成为一种有害的动物了。据东汉大儒许慎的考证,硕鼠就是身怀五技的鼫鼠;这五技是飞、游、缘、走、穴,可是它能飞不能上屋,能游不能渡谷,能缘不能穷木,能走不能先人(比人快),能穴不

《点石斋画报》刊登的大老鼠

能覆身，所以《荀子》在劝学篇里讥笑它说："鼫鼠五技而穷。"世人又称它为"五技鼠"。

晋人陆玑说："今河东（山西境内）有大鼠，能人立，交前两脚于颈上跳舞，善鸣，食人禾苗，人逐则走入树空中，亦有五技。"周朝时的魏国包括了今天山西省南部和陕西省东北部，《诗经》魏风所咏之硕鼠，应该就是晋人陆玑所说的大鼠。

硕鼠踪迹不限于华北平原，在广东也有，清人屈大均《广东新语》卷二十一《硕鼠》说："广中近多硕鼠，状如兔、色白，皆以为白兔也。嗜食芭蕉、蕹叶，……雌者多黑褐色而小……"蕹即空心菜。晚清上海刊印的《点石斋画报》里，也有一则广东番禺县白塔乡乡民因捕食硕鼠而告中毒的新闻画，可见其踪迹在大江南北均有之。

拱　鼠

硕鼠会人立而舞，拱鼠则会人立拱手作揖。南北朝时宋人刘敬叔《异苑》说："拱鼠，形如常鼠，行田野中，见人即拱手而立，人欲近捕之，跳跃而去，秦川有之。"

明人镏绩《霏雪录》中有一则"黄鼠"，说的也是同一种动物却更详细："北方黄鼠穴处，各有配匹，人掘其穴者，见其中作小土窖，若床榻之状，则牝牡所居之处也。秋时蓄黍菽及草木之实以御冬，各为小窖别而贮之，天气晴明时出坐穴口，见人则拱前腋如揖状，即窜入穴。韩孟联句所谓礼鼠拱而立者是也……"说拱鼠毛色黄，在华北平原穴居而行一夫一妻制，秋天时会预贮

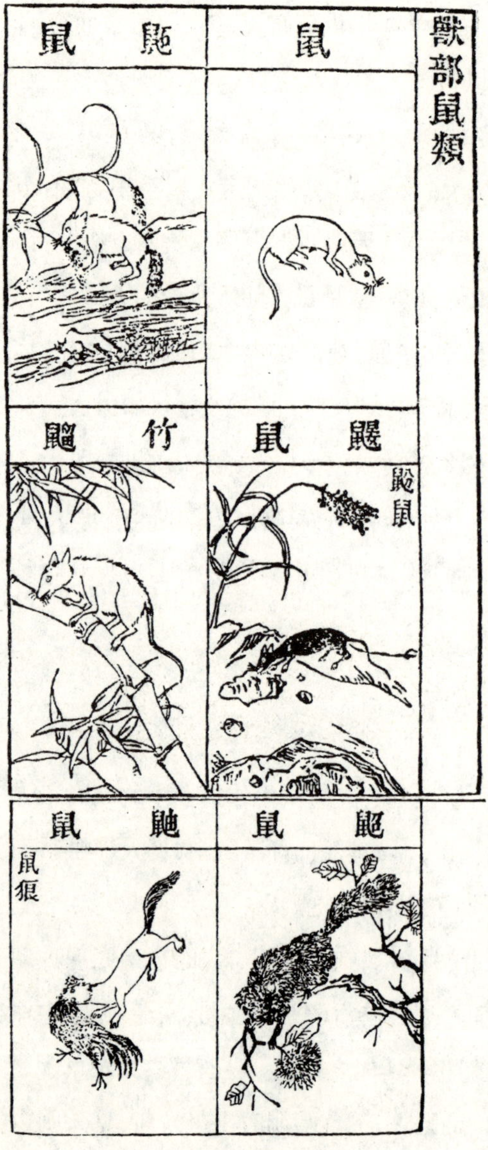

冬粮，见人则拱立行礼，所以又称作“礼鼠”。

明人王萱《黄花镇记》里，也有一则关于礼鼠的记载，十分有趣：“黄花镇（在河北省昌平县北八十里，居庸关、古北口之间）有礼鼠，色如貂而毛浅，冬时聚榛实为粮，于穴中作歧穴贮之，若仓囷然，多至三斗。其榛实皆美好，价倍于人所收者，山氓多掘取之，鼠失榛食，牝牡皆罣（挂）脰（颈）树枝，悬死若缢。镇将悯之，为禁甚厉，然不能止。”

明刊《本草纲目》上的各种鼠辈

松　鼠

会贮藏干果御冬的鼠类不限于拱鼠，松鼠也有这种习惯。

松鼠又名栗鼠，形似家鼠而大，毛黑褐色，尾长大，作圆棒形，长毛密生，常反卷至背脊上，大眼睛、大门牙，善于咬破果壳，食其果肉。

松鼠性情敏活，终日在树梢飞跃，猎食干果、浆果与幼芽嫩叶。有食物时，便坐着用前肢捧着食物吃，它也能用四肢握住树枝，倒挂着身子吃东西。松鼠遇到了敌人，会很快地爬上树梢，轻轻地跳到另一棵树上，在茂密的枝叶间消逝无踪。

松鼠平时会把山毛榉和槲树的果实贮藏在树洞里，当天气

吴友如画松鼠

恶劣或雨雪来袭时，它们可以一连几天不出门，用那些贮藏的东西来果腹。

中国画家较少画老鼠，却常常画松鼠，或许这是因为松鼠吃野果，不像家鼠乱咬东西惹人讨厌吧！像宋人钱选就有一幅《桃枝松鼠》，画一只松鼠爬到桃树枝上，准备吃树上成熟的桃子。元人贡性之题《松鼠葡萄画》也说：“猥似猕猴捷似猱，栗梢走过又松梢，紫萄若使知滋味，一日能来一百遭。”

飞　鼠

松鼠只在枝间跳跃，飞鼠却能张开前后肢间连生的皮膜，在空中滑翔四、五十码的距离。

先秦时的地理书《山海经》里，已经提到了飞鼠：“天池之山有兽焉，其状如兔而鼠首，以其背飞，其名曰‘飞鼠。’”晋人郭璞《飞鼠赞》也说：“或以尾翔，或以髯凌，飞鸣鼓翰，翛然皆腾，用无常所，惟神斯凭。”晋人张华《博物志》也说：“丹里之山有兽焉，状如鼠，名曰‘聆’，以其尾飞也。”飞鼠在滑翔时是靠四肢间的皮膜，尾巴虽然也张开，但主要是作平衡重心、修正方向之用，并不靠尾巴来飞。

在云南、福建和东北一带的大飞鼠，身体有家猫一般大，一飞可四十余码，它跟松鼠一样，喜欢吃果实树芽。

橹　　鼠

橹鼠就是俗称的蝙蝠，它才是真正能自由飞翔的老鼠。

檐鼠常寄居于人们的屋檐下、钟楼古刹里或深山洞穴斜壁上，白天睡觉、傍晚时飞出来觅食，一夜之间可以吃下它一半体重那么多的蚊蝇害虫。它在夜间飞行，却是个近视眼，全靠毛孔和耳朵具有雷达一样敏锐的感觉，能够测出自己口中叫声遇到障碍物所发出的回音，迅速预知障碍物的远近大小，以调整飞行的高低方向，人类的雷达就是模仿檐鼠飞行时发声的原理而发明的。

在中国人的心目中，檐鼠是一种长寿而吉祥的动物。据说千年的蝙蝠会变成白色，吃下它可以长生不老，又说蝙蝠脑重，所以栖息时倒挂着身子，脑中全是可以强壮身体的精液，所以

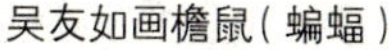
吴友如画檐鼠（蝙蝠）

蝙蝠一名“仙鼠”，又说八仙之一的张果老就是盘古开天辟地时的一只蝙蝠修炼成仙的，而“蝠”、“福”同音，蝙蝠居住在人家里也象征了“福至”的吉兆。

南北朝时人任昉《述异记》上说：“荆州清溪秀壁诸山，山洞往往有乳窟，窟中多玉泉交流，中有白蝙蝠，大如鸦。按《仙经》云：蝙蝠一名仙鼠，千载之后，体白如银，栖即倒悬，盖饮乳水而长生也。”这当然是以讹传讹的神话了。可是后世服食白蝙蝠而“一夕暴卒”的人往往有之，直到明朝，屠隆的《采真诗再为慧虚度师恭撰》还说：“仙鼠飞飞似白鸦，灵泉尽日浴金沙；只闻洞里人吹笛，不见空中女散花。”对檐鼠的神话传说依然执迷不悟。

地　鼠

有在天上飞的老鼠，就有在地下钻洞行走的老鼠，中国人称这种地中行走的老鼠叫“鼢鼠”。

地鼠最早见诸先秦时代的《尔雅》一书：“鼢鼠，地中行者。”宋人罗愿《尔雅翼》中对它有更详细的记载：“鼢形如鼠，大而无尾、黑色，长鼻甚强，常穿耕垣中行，故郭氏（璞）云：鼢鼠行地中者也。（唐人）陈藏器云：今之鼢鼠小，口尖者阴穿地中行，见日月光则死，深山中、林木下有之……”

地鼠在大陆北方很多，清初人赵翼《檐曝杂记》卷一《木兰物产》说：“木兰在热河东北三百余里，……地有鼠，土疏而坟，一鼠在土中穿突，土辄高起如冢。余（赵翼自称）初入木兰，见遍地皆冢,疑此中无人居,何得有此?后在戎帐中,日将暮,坐褥前尺许地,渐坟起,诧为异事。袁愚谷谓:勿怪,此有鼠在其下也。明早再入视,则高尺许如冢矣。然后知向所见,皆鼠宅也。”这真是天地之大,无奇不有了。

其　他

在古籍里还有许多奇特的鼠辈,像:

寓鼠　这种老鼠把食物藏在颊间,不时吐出复食,一名鼸鼠,见载于《尔雅》一书。

竹鼠　这种老鼠有小猫一般大小,以竹根为食,产于交州(广西南部与越南交壤)封溪县,在《交州记》中曾有记述。

义鼠　这种老鼠产于四川成都,它的尾巴很短,每次出行时总是三五成群,后面的一只必定咬住前面一只的尾巴,成串而行;受到惊吓则四散而走。民间相传见到义鼠主有吉事。南北朝时宋人刘敬叔《异苑》里曾提到它。

香鼠　香鼠很小,仅有大拇指那么大,以梁柱为穴,行走时疾如激箭。唐人段成式《酉阳杂俎》中曾提到它。

鼬鼠　这就是俗称的黄鼠狼,它会逮鸡吃鼠,遇到比它凶猛的虎豹猎人时,常先放个臭屁再逃走,所以俗称“臭鼬”。《尔雅》中曾提到它,说它“赤黄色,大尾,啖鼠。”

此外,还有田鼠(岭南人所吃的老鼠肉就是田鼠,其肉香腴可口而无异味)、白鼠(或称“天竺鼠”,中国人视之为祥瑞的动物,说见到白鼠兆天下太平)、石鼠、唐鼠、雀鼠、水鼠、土拨鼠、银鼠……限于篇幅,此处不一一烦述。

老鼠嫁女儿

介绍了古籍里的各种鼠辈,以下再述说一个老鼠嫁女儿的民俗趣事。

天上有个月,
地下有个阙,
打水虾蟆跳过阙,
我在苏州背砻码。
看见老鼠嫁女儿;
龟吹箫,鳖打鼓,
两个刚虾朝前舞,
乌鱼来看灯,鲢鱼来送嫁。
一送送到桥顶上,
一跌仰八叉,
……

前引这首流传于江苏镇江的有趣童谣,描写的正是民间传说《老鼠嫁女儿》的情景。

在中国各地,都流传有《鼠嫁女》的故事,只是时间不一;在江浙一带说是除夕或元旦的夜晚老鼠要嫁女儿。如清人徐时栋《烟屿楼读书志》卷十六说:“杭俗谓除夕鼠嫁女,窃履为轿。”

清人钱泳（公元一七五九年至一八四四年）在《履园丛话》卷十六“鼠食仙草”一则里也说：“……今邑中（指其故乡江苏无锡）风俗，岁朝（元旦）之夜，皆早卧不上灯，诳小儿曰‘听老鼠做亲’……”

近人伍稼青《武进礼俗谣谚集》里“岁时令节”一项中，也

近人张有为剪纸“老鼠嫁女”

有“老鼠嫁女”说：“元日，人家每日落即就寝，以先一夕曾守岁不眠故也，而俗谓是夕“老鼠嫁女”，故人须早睡。或以红色绢花插糕饵上，置之橱顶或墙边，为鼠女添妆，并示庆贺之意。”在有趣的传说中，又充满了“民胞物与”的人情味。

在台湾则以为正月初三老鼠娶新娘，台谚“初一场，初二场，初三老鼠娶新娘。”可以为证。在正月初三夜晚，为了避免打扰了老鼠们办喜事，台湾人多半提早上床睡觉，也不点灯，还要在地上撒些米粒、糕屑、盐巴给鼠辈待客，表示收成丰厚、与鼠共享之意。

在华北、华中一带则以为老鼠在过完元宵节之后成亲。像清人寅半生编《天花乱坠》二集卷五有王衍梅《鼠嫁词》，小引

说:“虞城(今河南商丘县东北,与山东曹县毗连)志:正月十七夜民间禁灯,以便鼠嫁。”北京民谣也有“十七、十八,耗子成家”的话。湖南新化等地则以为老鼠嫁女儿是在上元之夕,新女婿回门这天夜晚。

在王衍梅《鼠嫁词》里,有“颠当守门防客走,拱鼠前揖将进酒;小姑艳过鼠姑花,厨下先尝侬洗手。”“啾啾唧唧数聘钱,香车飞驾雕梁边;娇羞蠕镜一相照,不许灯花窥并肩。”这真是上乘的童话诗了。

在民间的剪纸、年画里,也常以这个有趣的传说来作题材,有的描写头戴鲜花的鼠新娘坐在绣花鞋里,由两只老鼠扛着走,前有老鼠执灯鸣锣喝道,后有老鼠执伞,一旁跟着戴副老花眼镜、留着胡须、一副老学究模样的鼠新郎,让人忍俊不禁,想起清人的一首《嫁鼠词》:“好合定知时在子,以履为车鼠子迓;鼠妇新来拜鼠姑,鼠姑却立拱而谢。”

有的年画里,画着一长排老鼠娶亲的行列,有的老鼠扛灯吹号、有的老鼠执旗执伞、有的老鼠抬着嫁妆和喜轿,场面浩浩荡荡热热闹闹。日据时代的一幅台湾年画《老鼠娶亲图》里,就画了十几只老鼠鸣锣掌旗、执灯吹号,有的抬妆奁、有的抬花轿,鼠新郎骑只癞蛤蟆,摇着扇子跟在最后头的盛大场面,结果最前面两只鸣锣喝道的老鼠遇到了凶恶的猫,破坏了老鼠娶亲的好事,“想当然耳”的年画,充满了天真的情趣。

周作人《儿童生活诗》里,有一首《花纸》也描写“老鼠娶亲”的彩色年画:“老鼠今朝也做亲,灯笼火把闹盈门;新娘照例红衣袴，翘起胡须十许根。”下注说：“老鼠成亲花纸，仪仗与从悉如人间世，有长柄宫灯一对，题曰‘无底洞’。”“无底洞”三字甚妙。

老鼠嫁女儿的故事流传甚广，在日本、印度等地都有此类

清刊《点石斋画报》描写老鼠聚财情景

的传说;在日本的故事大意是说:老鼠生了一个女儿非常疼它,要帮它找个好女婿。它们以为太阳高高悬在空中,应该是世界上最高贵的,就去跟太阳说媒,请太阳做老鼠的女婿。太阳说:“我不行!只要云一来,就把我遮没了。”老鼠想:“还是云好。”就去请求云做女婿。云说:“我不行,只要风一来,就把我吹散了。”老鼠想:“还是风好。”就去请求风。风道:“我不行!只要有一道墙,就把我阻住了。”老鼠想:“还是墙好。”就去求墙。墙道:“我不行,只要遇着老鼠,就把我打穿了。”老鼠想:“还是老鼠好。”于是就把它们的女儿嫁给了老鼠。

在印度所流传的故事大致相同,只是易“墙”为“山”,而先由一隐士把雌鼠变成少女,最后当她打算嫁给能在山上挖洞的山鼠时,山鼠说:“我愿娶她,但她怎样走进我的洞里来呢?”于是隐士又把少女变回雌鼠,让她嫁给雄山鼠。

清人钱泳在《履园丛话》卷十六里,讲述了一则明朝万历末年流传于江苏无锡一带的故事“鼠食仙草”,应该是中国“鼠嫁女”俗信的由来;钱泳说明朝万历末年时,江苏无锡九里桥有家人姓华,华家有座废楼,很久没有人住。有年除夕深夜,忽然听到废楼里传来敲锣吹号声;华家的人惊异的跑去窥看,结果从墙隙中看到屋里有好几百个长不盈尺的小人在办喜事,傧礼前导,妆奁具备,浩浩荡荡地走进洞里。第二天夜晚,鼓吹声又从楼中传出,华家人又悄悄跑去窥看,见花光灯彩照耀满楼,有好几十个小人拥着花轿,轿里传出了新娘子的哭声,后头有个老人坐在兜轿上,掩涕送行,而后有无数的女仆从跟着花轿一起钻入壁穴间消失了。

受着好奇心的驱使，于是，华家人每晚都跑去废楼张望。过元宵节前后，他们听到婴儿呱呱坠地声，原来是新娘子生小孩了；又过了几天，小孩已上私塾了，塾师瘦瘦的个子，下颌飘着一大把白胡须；元旦晚上看到的坐在兜轿上的老人，手携小孩向塾师跪拜，而后塾师像模像样地讲述《中庸》里的章句。

后来有个道士经过华家门口，对华家的人说："君家有妖气，当为驱除之。"道士仗剑作法，又从江西请来张真人符，悬贴于废楼上，并用桃木针插小符刺于鼠穴口；过了几天，楼中秽气大作，启楼而视，见鼠尸千余头，才知是"群鼠误食仙草，变幻为祟。"

在"老鼠娶新娘"这天夜晚，人们都提早上床睡觉，不但不点油灯，以免打扰了老鼠办喜事，还在地上洒些米粒糕屑，以示祝贺之意。但也有的人说，鼠嫁女夜晚不点灯，是希望老鼠因为黑暗看不见路而没法办成喜事，这样可以防止老鼠大量繁殖而耗损了谷米稼庄，所以有的老鼠娶亲图里要画一只大肆捕鼠、破坏好事的猫。同样一件习俗的两种不同解释，说明了有好生之德的农夫却憎恶老鼠耗物的矛盾心态。

牛的颂歌

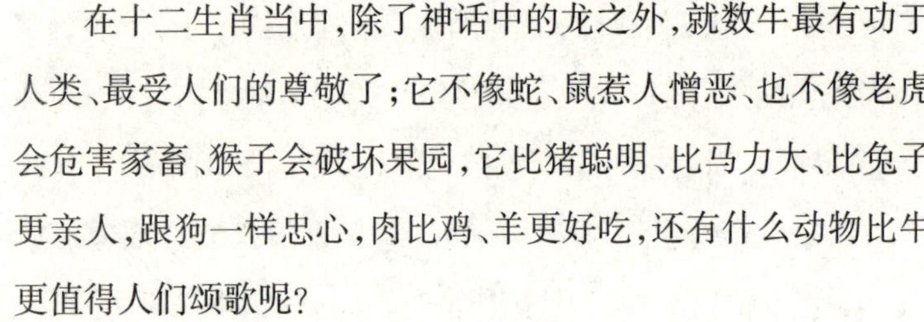

在十二生肖当中，除了神话中的龙之外，就数牛最有功于人类、最受人们的尊敬了；它不像蛇、鼠惹人憎恶、也不像老虎会危害家畜、猴子会破坏果园，它比猪聪明、比马力大、比兔子更亲人，跟狗一样忠心，肉比鸡、羊更好吃，还有什么动物比牛更值得人们颂歌呢？

驯牛耕田

在远古时代，牛是凶猛的野生动物，力大角锐，善于奔驰，行动时又成群结队，真可说是横行天下无敌手。

聪明而勇敢的人类，以最简单的木棍、石块、长矛短弓，带着唯一的助手——猎狗，想要去征服这种凶猛的野兽；经过一段漫长、互有死伤的斗争之后，人们想出了一个办法：把数目不多的牛群，驱赶到预先设计的陷阱或没有出路的死谷中，用饥

魏晋时代墓　画牛车图

北魏《进香图》浮雕上的牛车

饿法来减杀野牛的锐气，再喂它们吃草，以为笼络，经过一段时间之后，牛终于成了人们驯养的家畜。

当人类文明从渔猎进入农耕的阶段以后，原本仅供宰杀烹食的肉牛更因力大温驯而被训练为耕牛，发挥了最大的功效；有了耕牛，农夫的耕作可以事半功倍，一块田地可以生产加倍或更多的作物，养活更多的人；社会上有些人可以不耕种也不愁衣食之后，才有闲暇余裕去从事发明创造的工作，加速文明进展的脚步。说牛是推动文明巨轮的主角，也毫不为过。

牛墟买牛

在农业社会里，几乎家家都养一、两头牛，以备耕田之用；因为农夫对牛的依赖性很大，牛只买卖也成为兴旺的生意。

在偏僻的乡村里，没有天天营业的固定市场，大家都约定好了，在每月的那几天（或初一、十五，或每月的三、六、九日……），集中到某地做生意；这个定期开市的场所，特称为“墟”或“集”，各行各业在墟日赶到墟场做生意，称为“趁墟”、“赶墟”或“赶集”；而专门买卖牛只的市集，就称为“牛墟”。

当牛墟开市时，专门卖牛的商贩或急需用钱而告贷无门、只好卖牛的农夫，都把牛只赶到了墟场，供需要牛只的农人选购。

牛只的交易，买主通常必须进行四个检验的步骤，那就是摸寿、试步、试车和试犁，以了解牛只的好坏，该出多少价钱才划算，再开始跟牛主进行讨价还价。

摸寿就是把手伸进牛嘴里，摸牛的牙齿，以了解牛的年龄和健康情形；一般而言，成年的牛有八个前齿，如果不足八齿，表示牛尚未成年，还未能胜任耕田的工作；如果有九齿，称为“牛公”，表示是上好的牛；如果有十齿，便是“牛王”，不但表示它健康情形良好，还会替主人带来好运呢！

试步就是牛主牵着牛走一小段路，看公牛的四肢比例、行动相貌是否合乎品种优良的条件；一个有经验的农夫知道，一头好的牛必需“背要像个升子，眼要像个钟子（酒盅），蹄要像个钳子，尾要像个鞭子，耳要像个扇子，角要像个锥子，腰要像个担子，脚要像个柱子，项要像个靴子。”此外，牛毛要短而密才好，不畏寒冷；小便时要往前喷射到前脚才好，表示它善跑；牛前进时，后脚要直，后退时，后脚要曲才是好牛；牛尾下垂时不能垂到地，拖到地表示力气小；牛尾上要毛少骨多，表示牛的力气大；牛嘴呈方形则易养……这些都是买牛时作为参考的条件。

试车就是考验牛的力气，试车时，往往把好几辆车子绑在一起，上面加放石头，又坐了许多人，牛主坐在前面，吆喝着牛拖车前进，看牛的力气有多大，将来能否帮助农夫工作。

试犁是最后一项考试，如果一头牛不会犁田，就算前三项条件再好，也是枉然，农夫把它买回去，一点也派不上用场，因此，它只有静待成为屠宰场的肉牛。被判了死刑的牛，牛主会在牛身上用油漆画上记号；据说，牛在这个时候会流下泪来。俗话说：“牛知死不知跑，猪知跑不知死。”看了真叫人心酸。

经过上述四项考验之后，买牛者便和牛主开始讨价还价，有趣的是双方在讲价钱时，并不开口说话，而是彼此把手藏在衣袖里用特殊的记号“手谈”，这样，当一笔买卖牛只的交易谈成时，别人谁也不知道牛只的价钱是多少。这种交易方式，对不熟悉牛市行情的人来说，就常会多花冤枉钱，吃亏上当。

养牛诀窍

买了一头好牛，还要会养，牛才会身体健康、有力气耕田。

根据元人王祯《农书》卷一《农桑通诀》里说：养牛要注意环境卫生、也要注意喂食，驱使它耕田时更要方法适当，不可以把牛累坏了。

养牛要搭建牛棚，牛棚得能够遮风避雨，以免牛只被大寒大暑所侵；牛棚的积秽要在每年初春时彻底清除干净，以后每隔十天清扫一次，以免秽气蒸郁，使牛只生病了。

喂牛的草要在春秋草茂之际，以放牧为宜，喂牛吃草前，先让牛喝一点水，可免它腹胀。到了寒冬风雪交作时，要替牛披上

清　任伯年画牧牛图

乱麻编的“牛衣”御寒,大地无草可吃了,要喂它预先贮存的干草、豆叶或糠麸,喂时要先把这些“干粮”切细剁碎,用洗米水拌得微湿以后,才让牛吃。

到了春夏耕作时,除了正常的早晚放牧外,夜间还要加喂刍豆,把牛喂饱,牛才有力气耕田。驱牛耕种得趁太阳未出、天气还凉快的时辰,这样牛才能全力耕种;等太阳高升、牛热得喘气时,就得让牛休息了,勉强驱牛在大太阳下耕种,会把牛累出病来,可就得不偿失了。

农家对自己所养的牛爱护备至,就当它是自家的一分子;在秋冬农闲之际,也尽量让牛悠闲地休息,甚而还把农历十月初一订为“牛生日”,例必要“放闲”哩!

清初人屈大均《广东新语》上就说:广东韶州十月初一这天,农家互赠米糍(汤圆),并且用大颗的米糍粘在牛角上,说是为牛过生日。这天牛鼻都不穿绳,称为“放闲”。

牛救主人

不管主人对牛是好是坏,牛对主人总是忠诚不贰;见到主人有危难时,也一定不顾自身安危,挺身相救。

在清初人纪晓岚《阅微草堂笔记》,有一个故事说清世宗雍正初年,李家窪有个姓董的佃户,他父亲死了,遗产只有一头牛,牛又老又跛,董某打算把老牛卖到屠肆,老牛却通灵似的逃溜到董某父亲的坟墓前,伏地不起;任董某推拉鞭打,只摇尾哀鸣,就是不肯起身。

村里的人听说之后,纷纷前来看热闹;当中有个姓刘的老头儿生气地站出来,用拐杖敲着老牛说:“这位董先生,他父亲当年掉到河里,干你什么事?你随他被水淹死,喂鱼鳖,也不会有人责怪你,是你多事救了他父亲,害他父亲要生出董先生来,为了奉养他父亲、请医生看病,花了多少钱?最后还要花钱买棺材、买地埋葬,每年还要扫墓祭坟,给董先生子孙添了无穷的累赘,你的罪过如此重大,难道还不该死吗?你还叫什么叫?”

董某一听,才知老牛曾救过他父亲一命,听了大感惭愧,便对天发誓说:“我董某一定好好喂养此牛,让它安享天年。”牛这才起身,随董某回家。

过了几个月,老牛病死,董某还把它好好地安葬了呢!

民初人丰子恺画牛救主妇与虎力拼的情景

清初人张潮《虞初新志》上也有个牛救主人的故事说：天长县县民戴某之妻，每天早上到郊外牧牛；她出门时，家中的狗总是跟随着去。这天她到郊外牧牛，狗钻入草丛中久久不出；戴妻牵着牛去找狗，没走数十步，看见一只老虎正蹲在草丛里吃狗。虎见人来，丢开死狗向人扑来；一下就扑倒了戴妻；牛见主人有难，忿然向前冲去；虎见牛奔来，只好丢开戴妻，与牛对抗；老虎张牙舞爪，牛用利角去顶撞，两兽死拼了半晌，牛竟打赢了老虎，把老虎赶跑了，戴某之妻才得以死里逃生。

庖丁解牛

虽然牛对人大有功劳、又忠心不贰，可是还是有许多人要吃牛肉，完全漠视了牛对人类的贡献。

早在《庄子·养生主》上，就提到一位擅长杀牛的庖丁了；说一般的屠牛人，一年要换一把杀牛刀，这位庖丁杀了十九年的牛、杀了几千头牛，始终就用那一把刀，而且刀锋始终锐利得像新的一样。不是这位庖丁的屠牛刀特别锐利，而是庖丁懂得杀牛的方法；他把刀刃刺进牛身，切割牛肉时，总能下刀于骨肉之间隙而不伤及刀刃。

庄子说这个故事或许是一则寓言，但在当时必然有屠牛之庖丁，则是不争的事实；在古代中国，除了农夫外，一般人是不忌吃牛肉的；有些少数民族更是只吃牛肉。有固定的买主，当然就有屠牛、卖牛肉的人出现。

在乡下，土法杀牛是件残忍的事；工夫高的屠夫左手牵着牛绳，提起牛头，右手拿着尺把长的杀牛刀，往牛右前脚的根部靠近气管处用力捅一刀，牛血立即汹涌而出，等血流尽时，牛就不支倒地而死，牛不反抗、也不逃走，只是流泪地望着杀它的

清康熙年间御制耕织图中的两幅耕图（之一）

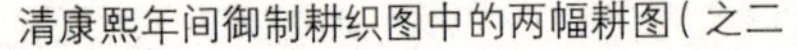
清康熙年间御制耕织图中的两幅耕图（之二）

人。如果工夫差的屠夫，则先用大锄头往牛的脑部（在两角中间下方和两眼中间上方一半之处）用力狠狠的敲下去，把牛打晕，而后一刀两刀地捅牛的气管。有时牛被乱刺得痛醒过来，而凶性大发，拔足狂奔，一直到血流完了，不支倒地，屠夫才想办法把牛尸拖回去肢解。

老牛诉冤

牛辛苦了一生，到头来仍不免被人杀害，煮红烧牛肉面吃，它不会讲话，只会流眼泪，满肚子冤屈也无法申诉。元朝时，有个名叫姚守中的文人，写了一出套曲《牛诉冤》，替牛吐诉冤情道：

性鲁心愚，住烟村饱谙农务，丑则丑堪画堪图，杏花村，桃林野，春风几度。疏林外红日西晡，载吹笛牧童归去。

【醉春风】绿野喜春耕，一犁江上雨；力田扶耙受驱驰，因为主甘分受苦，苦、苦。经了些横雨斜风，酷寒盛暑，暮烟晓雾。

【红绣鞋】牧放在芳草岸，白蘋古度，嬉游于绿杨堤，红蓼平湖，画工描我在远山图，助田单英勇阵，驾老子蓦山居，古今人吟未足。

【石榴花】朝耕暮垦费工夫，辛苦为谁乎？一朝染患倒在官衢，见一个宰辅（按，指汉朝宰相丙吉），借问农夫，气喘因何故？听说罢感叹长吁，那官人劝课还朝去，题着咱名字奏鸾舆。

【斗鹌鹑】它道我润国裕民，受千辛万苦，每日向堰口拖船，渡头拽车。一勇性天生胆气粗，从来不怕虎；为伍的是伴哥王留，受用的是村歌社鼓。

【上小楼】感谢中书部，符行移诸处，所在官司，禁治严明，遍下乡都，里正行，社长行，叮咛省谕，宰耕牛的捕获申路。

【幺】食我者肌肤未肥，卖我者家私不富；若是老病残疾卒中身亡，不堪耕锄，告本官，送本都，从公发付，闪得我丑尸不着坟墓。

【满庭芳】衔冤负屈，春工办足，却待闲居，圈门前见两个人来觑，多应是将我窥图。一个曾受戒南庄上的忻都！一个是累经断北瀶（疆）王屠；好交我心惊虑，若是将咱卖与，一命在

须臾。

【十二月】心中畏惧，意下踌躇，莫不待将我衅钟(以牛血涂钟之祭仪)，不忍其觳觫，那思想耕牛为主，他则是嗜利而图，被这厮添钱买我离桑枢，不睹是牵咱过前途，一声频叹气长吁，两眼恓惶泪如珠，凶徒凶徒，贪财性狠毒，绑我在将军柱。

【耍孩儿】只见它手持刀器将咱觑，唬得我战扑速，魂归地府，登时间满地血模糊，碎分张骨肉皮肤，尖刀儿割下薄刀儿切，官秤称来私秤上估，应捕人在傍边觑，张弹压先抬了膊项，李弓兵强要了胸脯。

【二】却不道闻其声不忍食其肉?划地加料物宽锅中烂煮;煮得美甘甘香喷喷软如酥，把从前的主顾招呼，他则道三分为本十分利，那里间一失人身万劫无?有一等贪馋嗫的乔人物，就本店随机儿索唤，买归家取意儿庖厨。

【三】或是包馒头待上宾，或是裹馄饨请伴侣，向磁罐中软火儿葱椒焗，胜如黄犬能医冷，赛过胡羊善补虚，添几盏椒花露，你装的肚皮饱旺，我的性命何辜?

【四】我本是时苗留下犊，田单用过牯，勤耕苦战功无补。他比那图财害命情尤重，我比那展草垂缰义有余;我是一个直(值)钱底物，有我时田园开辟，无我时仓廪空虚。

【五】泥牛能报春，石牛能致雨，耕牛运土遭诛戮，从今后草坡边野鹿无朋友，麦垄上山羊失了伴侣，那的是我伤情处，再不见柳梢残月，再不见古木昏乌。

近人李奇茂画牧童与牛

【六】筋儿铺了弓，皮儿鞔作鼓，骨头儿卖与钗环铺，黑角儿做就乌犀带，花蹄儿开成玳瑁梳，无一件抛残物，好材儿卖与了靴匠，碎皮儿回与田夫。

【尾】我元阳寿未终，死得真个屈苦，告你个阎罗王正值无私曲，诉不尽平生受过苦。

据说，玉皇上帝就是见了这篇《牛诉冤》的文章之后，怜悯它不幸的遭遇，特地封它为牛头将军，到阴曹地府去做城隍爷的部将，专门替来阴间报到的人算一算账，看他生前吃了多少牛肉，就从死者身上割多少肉下来，以报昔日千刀万剐之血海深仇呢！

古籍里的狗

古籍里关于狗的记载很多，或述狗看家、或说狗打猎、或戒吃狗肉、或谈狗救人，更有组织战狗对付敌人的鲜事……无一不是叙述狗的德性和优点，于此略述一二，以资爱狗者之谈助。

犬狗之别

在说狗的长处之前，先谈谈“犬”与“狗”有何分别；从字面上看，犬似乎比狗“文言”一点、有学问一点、出现得早一点，所以赞美它时称“犬”（像忠犬、义犬），骂它时称“狗”（像狗

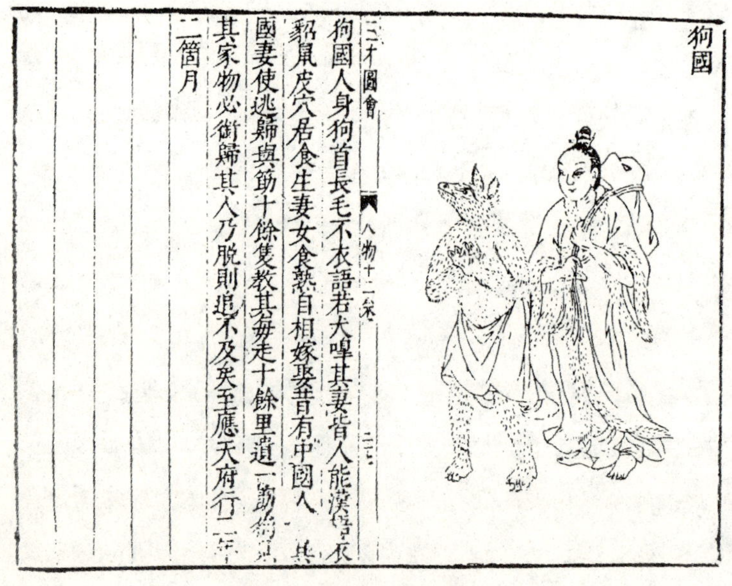

狗國

三才圖會 人物十二卷

狗國人身狗首長毛不衣語若犬嘷其妻皆人能漢語衣貂鼠皮穴居食生妻女食熟自相嫁娶昔有中國人 其國妻使逃歸與筯十餘隻教其每走十餘里遺一筯狗見其家物必銜歸其人乃脫則追不及矣至應天府行一年二箇月

明刊《三才图会》上的狗国

屁、狗屎）；人们谦称自己的儿子“犬子”，表面是贬其实是褒，如你说：“你们家那只狗儿子，……”保险他跟你“划地绝交”。

有人说体型大的叫犬，体型小的叫狗（学者杜而未教授在台大考古系开“民俗学”课堂上口述），也有人说尾巴拖下的叫狗、尾巴圈起的叫犬（见近人溥霖编《谐谑文学大全》页一八八）；似乎也不尽然。北京狗就比腊肠犬大，而狗尾的上扬或下垂，原是它们表示尊贵或谦卑的方法，领导狗群的狗，尾巴永远扬起、卷起，同类型的狗，下级碰到上级时，下级立刻把尾巴垂下。

在许多场合里，狗和犬是通用的，像说狗吠、犬吠都通，狗肉、犬肉都有人讲，似乎也不必细分狗与犬的分别。

与狗有关的几个字也在此附带介绍一下：小狗叫猧（音倭）、大狗叫獒（音敖）、嘴长的狗叫猃（音险）、嘴短的狗叫歇骄、疯狗叫�（音要）、乡下田家之狗叫卢、毛多色杂的狗叫尨（音芒）、腿短的狗叫猈（音爸）……从这些字也可知古代中国人对狗远比今人更关心。

打猎的狗

狗最早和人类结缘，是一万多年前的中石器时代，当时人类的老祖先穴居野处、靠打猎维生；有一种类似狼的狗对人类比较没有戒心，常跟着人类回来，捡食人类吃剩的肉骨头。跟人类渐渐处熟了，它成了人们打猎时的助手，帮人们搜寻野兽的踪迹、帮人们猎杀其他的野兽。

民初诗人刘大白有两句新诗说:“虎变成猫、狼变成狗,这真是子孙的不肖哪”(大意如此),刘大白是有感于中国人从汉唐盛世变成清中末叶任外国人欺凌宰割的情形发而为诗,纯就人狗关系而言,狼变成狗正是人类的福气。

当人类文明处于狩猎时代,狗一直是人们打猎的助手,换言之,狗的职责就是打猎。后来,打猎成了一种消遣和娱乐时,猎狗仍是不可或缺的;在周朝时,官府曾设有“犬人”一官,专门负责替皇帝驯养猎狗,汉朝时的“狗中”、“狗监”工作也是如此。不仅官家养猎狗,民间也养;在汉墓碑上,就出现了人们放狗逐鹿的画像。“狡兔死、走狗烹”不也正说明了狗原是用来

《毛诗品物图考》上的狗图

民初人丰子恺画狗救主人情景

打猎的吗！

忠狗护宅

当人们以农耕维生时，失业的狗并不偷懒，它立刻肩负起替主人看家的职责，绝不吃人类的闲饭。

狗能看家有两个因素，一是会叫，二是有一口利齿能攻击宵小。

狗吠生人的特性，不知是如何培养的，但从“桀之犬吠尧”这句话来看，狗也从远古就以吠声来示威示警了。

庄子说“狗不以善吠为良”（《徐无鬼》篇）。对人们来说，邻居养了只会乱叫的狗，是最倒霉不过的事了；扬州人就不喜欢养狗，怕听半夜里“一犬吠影、百犬吠声”；清焦东周生《扬州梦》卷三说：“城中不甚畜犬，倚门狂吠，大是恼人，摇尾乞怜，亦增丑态。夜深无犬吠花村，是闾阎清肃景象，正好借咏扬州。”但看家不可无狗，除非天下没有宵小，宵小一天不改业，人们终得靠狗来对付。古书上倒有一个让狗不叫的办法，据清竹柏山房《闲居杂录》上说：“小犬吠不绝声者，用香油一蚬壳灌入鼻中，经宿则不吠。”如果你讨厌邻家乱吠的小狗，下回试试这个办法——但可得小心别叫它咬了。

狗不叫也能看家，所谓“不叫的狗咬死人”，道理在此。关于狗看家的故事，古书上时有记载，像清中末叶上海刊行的《点石斋画报》里，就有一则“义犬护儿”的新闻，说粤东新宁县某乡陈姓人家养了一头狗，长得不好看、也不太喜欢叫，整天

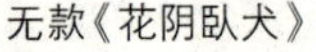
无款《花阴卧犬》

饱食终日无所用心地趴在大门口睡懒觉。陈某嫌狗吃闲饭，要把它卖到狗肉店里；他的妻子却每次都劝阻他。有一天，陈妻在厨房烧饭，刚会走路的儿子在门口嬉戏，正巧有个拐子经过；他见左右无人，便把小孩抱走了。

那只平日无所事事的狗这回却一窜而上，或咬拐匪的脚、或扯拐匪的裤子，拐匪且拒且走，却无法脱身，这情形被邻人看了，便上前拦问，拐匪见状不佳，才丢下小孩拔腿逃窜。

犬乳幼主

《点石斋画报》上还有一则“犬乳幼主”的新闻，既神奇又感人；“金陵洪武门外张某，有子及媳食贫居贱、形影相依；数月前子遽夭折，媳义不独生、屡寻短见。嗣以腹已受孕，苟抚残喘，冀举一雄可绵宗祀。然朝暮悲泣、其情已暗伤矣。及呱呱者坠地，则产母已魂游地府。张某乃为棺殓，舁出暂厝。中途忆及婴孩，急返视之，见素豢之牝犬匍匐在床，大惊呼叱；犬闻声，人立而号、露乳示之，一若告以代哺之意也者。张某喜出望外，惠饲以饭，回视小犬早经啮毙，从此犬与孩眠、酷似乳媪……”这样的狗，让人想起春秋时晋灵公手下奸臣屠岸贾杀了首相赵盾一家三百余口，赵氏孤儿被程婴救走，程婴把自己的儿子冒充孤儿，送给好友公孙杵臼家，再向屠岸贾告密，捉杀了公孙杵臼和自己爱子，使赵氏孤儿得以保全性命，替父复仇的故事，《点石斋画报》里所述南京张家之犬，较之程婴也毫不逊色！

忠狗救主的感人故事，在古籍里更俯拾皆是；晋人陶渊明《搜神后记》上就有一则狗助主人诛除和妻子通奸的奴仆的故事：“会稽句章民张然，滞役在都，经年不得归家，有少妇遂与奴私通。然在都养一狗甚快，名‘乌龙’。后假归，奴与妇欲谋杀然，作饭食共坐下，食未得噉，奴当户倚、张弓拔箭，然以盘中肉饭与狗，狗不噉，惟注睛舐唇视奴，然亦觉之，奴催食转急，然决计拍髀（大腿），大唤曰‘乌龙’，狗应声伤奴，奴失刀伏倒地，狗遂咋奴头，然因取刀斩奴，以妇付官杀之。”

受过家犬好处的读者很多，古籍里这类忠狗的故事就不再列举了。

戒吃狗肉

狗肉也称“香肉”，是中国人在冬天里爱吃的一种食物，每年一到冬天，街头巷尾就出现一盏盏倒悬的塑胶圆桶、桶里点着灯，照映出桶外红漆所写的“香肉”，这就是卖狗肉的摊子。

中国人吃狗肉有着悠久的历史，《周礼》上说：“膳用六牲，马、牛、羊、鸡、豕、犬。”可见狗肉是荤食的一种，“挂羊头卖狗肉”这句话，也说明中国人很早就懂得吃狗肉了。

狗肉的吃法很多，常见的是配以中药煮汤，但狗可制“全筵”：红烧乳狗、红炆狗肉、炒狗心、煎狗肝、炖狗脑、炸狗肠加上一味甜点糖炖狗肉。吃要有吃胆，大概不见得人人都敢把“狗全筵”从头吃到尾吧！

中国人虽然很懂得吃狗肉，吃狗肉的历史也有两三千年了，但民间俗信的观念上一直反对吃狗肉。

清朝时伊园主人《谈异》卷一说：“牢字从牛、狱字从犬，不食牛犬，牢狱永免。”这是因牛和狗对人类都有功劳，作者才劝人们不该吃它。

《点石斋画报》上也有一则《屠狗偿命》的新闻，说扬州有一个恶丐，专门杀狗吃狗肉，有一天他看上到沙锅井缪家的狗，打算下杀手，但狗却先下手为强，嗾使群狗围攻恶丐，把恶丐咬得鲜血淋漓、落荒而逃，不久恶丐就因伤过重而死了。

晚清时《右台仙馆笔记》的作者俞曲园也说天上的雁、地上的狗、水里的鳢鱼都不能吃，称为“三厌”：“道家以雁为天厌、犬为地厌、鳢为水厌，是为三厌”。吃了三厌会有灾殃临身，

《点石斋画报》上屠狗偿命的新闻画

《点石斋画报》上赛狗求雨的新闻画

信不信就由你了。

狗阵破倭

火牛阵的故事，大家都耳熟能详，古代中国还有狗阵破敌的故事哩！

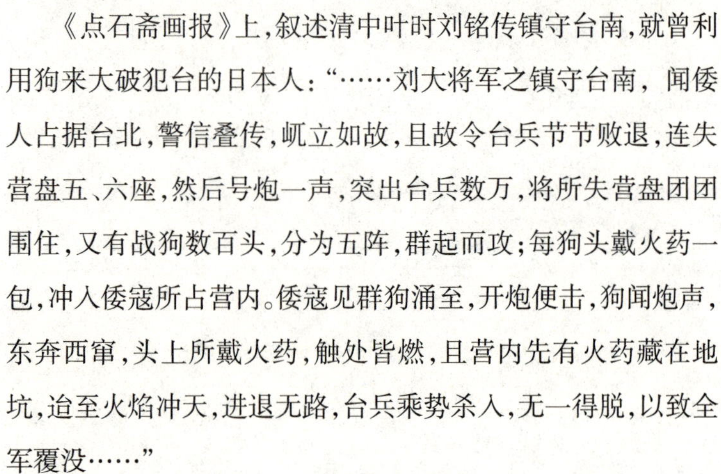

《点石斋画报》上，叙述清中叶时刘铭传镇守台南，就曾利用狗来大破犯台的日本人：“……刘大将军之镇守台南，闻倭人占据台北，警信叠传，屼立如故，且故令台兵节节败退，连失营盘五、六座，然后号炮一声，突出台兵数万，将所失营盘团团围住，又有战狗数百头，分为五阵，群起而攻；每狗头戴火药一包，冲入倭寇所占营内。倭寇见群狗涌至，开炮便击，狗闻炮声，东奔西窜，头上所戴火药，触处皆燃，且营内先有火药藏在地坑，迨至火焰冲天，进退无路，台兵乘势杀入，无一得脱，以致全军覆没……”

这个“狗阵破倭”的战役发生在公元一八九五年（一八九四年中日甲午战争，清廷把台湾割让给日本，台湾旋即宣布独立，抵抗日军），如此看来，军犬出现在中国战场上，至少也快有一百年的悠久历史了。

狗可入药

狗的功用不止上述，狗的全身都可以入药，治疗人们的疾病哩！

狗宝：这是狗身上的结石，生在狗腹中，色白而略青，剖开

后有层层相叠的纹理。狗宝能治疗噎食和恶疮之疾。

狗皮:黄狗皮烤热后,不断地擦摩腰背,可以治疗腰痛,狗皮烧灰,可治风疾。

狗肉:煮食狗肉可补虚劳,治小儿夜尿。

狗血:白狗血可治癫疾、难产,狗血伴热饭可治虚劳。

狗乳汁:白犬乳汁可治青盲目障,犬乳又可治秃头。

狗涎液:可治脱肛之疾。

狗脑:能治头风、下体暗疮。被狂犬咬伤者如把凶狗即时打死,用其脑敷患部,可免发病。

狗肾:入药后可治产后肾劳。

狗肝:可治狂犬咬伤和脚气病。

狗胆:青色狗之胆可明目、止消渴、治恶疮。

狗鞭:大补,治绝阳、除女子带疾。

狗粪:烧灰涂敷,可治疔疮肿毒,戒食用。

以上诸方,见载于明人李时珍《本草纲目》,有效无效,只有让李时珍去负责了。

狐狸的传说

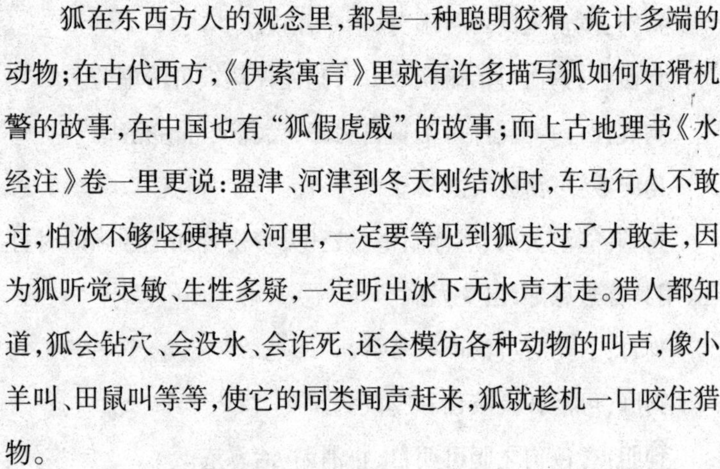

狐在东西方人的观念里，都是一种聪明狡猾、诡计多端的动物；在古代西方，《伊索寓言》里就有许多描写狐如何奸猾机警的故事，在中国也有“狐假虎威”的故事；而上古地理书《水经注》卷一里更说：盟津、河津到冬天刚结冰时，车马行人不敢过，怕冰不够坚硬掉入河里，一定要等见到狐走过了才敢走，因为狐听觉灵敏、生性多疑，一定听出冰下无水声才走。猎人都知道，狐会钻穴、会没水、会诈死、还会模仿各种动物的叫声，像小羊叫、田鼠叫等等，使它的同类闻声赶来，狐就趁机一口咬住猎物。

或许因为狐的行动神出鬼没、机灵无比，于是人们相传它是一种有鬼附身的异兽，会变化、有魔力；许多人还视狐为大仙，按时祭拜它、向它祈福祈财呢！以下就中国人关于狐的传说、拜狐仙的情景和狐仙媚人的故事，来谈谈这种被神化了的动物。

狐仙有名也有姓

大陆北方盛产狐，所以迷信的人常说“江北多狐魅，江南多山魈。”人们更盛传“千岁之狐，起为美女”。说狐狸经过长年修炼之后，会变形成淫荡的美人；《封神榜演义》里，纣王身边美丽的祸水——妲己，就是千年狐精变的。

另一种说法恰恰相反，《名山记》里说：狐是远古时一个名叫阿紫的淫妇变的，所以狐妖都自称是“阿紫”。《搜神记》卷十八就有个“阿紫”的故事说：后汉时沛郡有个名叫王灵孝的人，被一个陌生妇人拐走了，王灵孝的上司带了几十个人领着

《点石斋画报》描写狐假虎威的故事

猎犬在城里城外大肆搜寻，才把王某找回来，陌生妇人匆匆化狐而遁。王某说："妇人来时，匿身于屋角鸡笼边，自称叫阿紫，招我去个好地方，便把我带出城去，共效于飞之乐了。"狐不但有名，而且还有姓。《玄览》上说得好："千年之狐，姓赵姓张；五百年狐，姓白姓康。"

狐怎样由一只野兽修炼成可以变形的妖怪呢？古籍里有许多不同的传说。

明人郎瑛在《七修类稿》卷四十八说，狐在半夜潜入民家卧榻上，张嘴承受人的鼻息，久而久之，就能变形了："山东多狐狸而无猢狲，尝闻狐狸成精，能变男女以惑人。予嘉靖八年（公元一五二九年）到山东，以其事询土人，土人曰：'狐每夜半即潜入贫家破屋，至卧榻中，出口受人鼻息，人觉，闻其气，骇曰："打皮狐！打皮狐！"然不知其去几许矣。如此久之，便能缩形，相淫乱，各寻其雌雄以合，且善摄其财物，以益主其所私者，死复移他室，人亦不甚怪也。'……"

清初人纪晓岚则综合民间传说，分析野狐修仙的途径有三，一是吸取日月精华，二是摄人精髓，三是吸人鼻息。

狐经多年修炼，到达变幻通灵的境界之后，经常变成俊男美女，到人们居住的村落市镇里，跟人类打交道，甚而结为夫妻。

狐狸在变幻成人之前，也有一套仪式，唐人段成式《酉阳杂俎》里说：野狐将出来作怪以前，一定要头顶着骷髅头礼拜北斗，如果头上的骷髅头不掉落地，狐就化为人了。

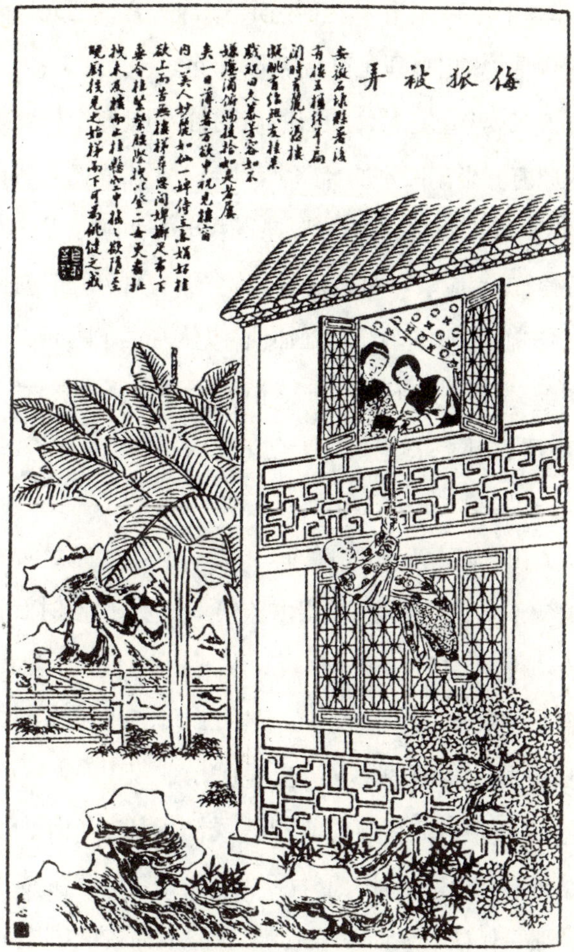

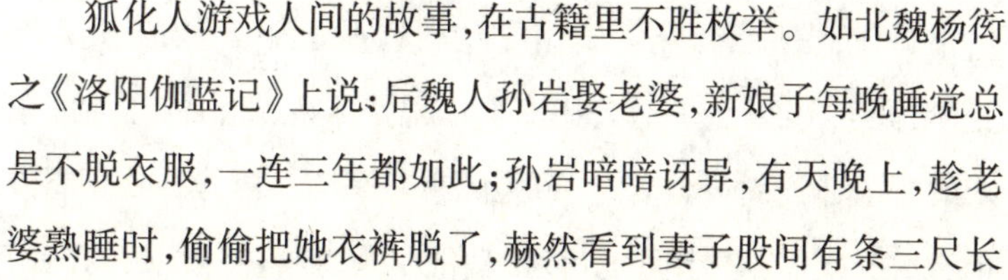

狐仙报仇的传说故事(《点石斋画报》)

狐化人游戏人间的故事,在古籍里不胜枚举。如北魏杨衒之《洛阳伽蓝记》上说:后魏人孙岩娶老婆,新娘子每晚睡觉总是不脱衣服,一连三年都如此;孙岩暗暗讶异,有天晚上,趁老婆熟睡时,偷偷把她衣裤脱了,赫然看到妻子股间有条三尺长

的尾巴。妻子惊醒，化作狐狸而遁走了。今人常说某人日久渐露出真面目是“露出狐狸尾巴”，典故在此。

唐人张读《宣室志》上也说：唐朝时，祁县有个村民因纳粮而至太原府。坐车回家的半路上，遇到一个白衣妇人站在路边说：“妾今日都城而来，困且甚，愿寄载车中，可乎？”这个村民看她可怜，就答应了。两人共坐一车走了三、四里路，村民因车轴咯吱作响，停车下车给车轴加油，忽然看见车隙间露出一个狐狸尾巴，垂到车辕下来。村民不吭气，摸出镰刀来，猛力砍下去，把狐尾砍断了；车上的妇人立刻化成一只没有尾巴的白狐，哀号而去了。

明人田艺蘅《留青日札》里，也有一个狐媚妇人的故事，说田艺蘅父亲在京城做官时，跟太监侯玉很要好，当时有权有势的太监往往妻妾成群，侯玉也有许多妻妾，并且个个貌美如花。后来田某父亲奉旨南下到广东督学，临出京师时，侯玉前来送行，还送了两个美丽的女人给艺蘅他父亲。当中一人叫白秀，更是绝色，只可惜被狐精缠上了。当白秀随田某之父南下时，狐精竟一路直跟到岭南来。田艺蘅说，他们南下途经滁州时，他曾亲眼看见那只狐精，“形如猫而玄黑，变态不常，然亦不为害。”田某要小苗童凌鸿晚上陪伴白秀睡，看狐精搞什么名堂。凌鸿事后报告说：“狐自窗眼潜入，伏于女身，小童舒手摸之，则亦不变形，如毛狗而已。”后来田家人怕得罪狐精，把白秀送给广东籍的一个仆人周俊做妻子，可是狐精还是缠住白秀不放。周俊也有些讨厌，在任满回杭州后，又把白秀卖给住在杭州的某徽商;以后怎么样,田艺蘅就不清楚了。

有好有坏也多情

清人纪晓岚《阅微草堂笔记》里,关于狐妖的故事,不下三、四十则;里头有两个故事十分有趣。

该书卷七说:有个书生爱上了狐女,最后血枯精竭,一命呜呼。过清明节时,书生家人到坟上祭扫,看到一个年轻的妇女在书生墓前奠果酒、烧纸钱,哭得很伤心。书生的妻子认出她正是害死自己丈夫的狐女,指着狐精骂道:"妖魅害人至死,雷公就要劈你了,还来这里哭什么假慈悲?"狐精站起来,裣衽开言

《点石斋画报》描写狐遭天怒之情景

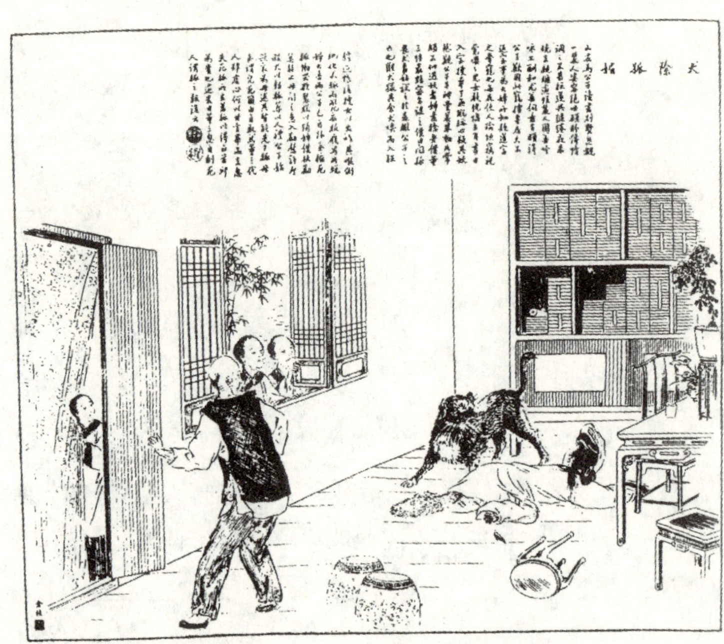

《点石斋画报》描写狐妖变妇女被狗噬伏

道："我们母狐精，凡是主动追求男人的，那是为了采补，害人过多时自当偿命；假若是男人主动挑逗我们而成其好事，那是为了情感；如果男人耽玩过度，以致伤身，那也不能苛责狐精呀！就好像夫妻相悦，如果一方成疾夭折，也是咎由自取，又怎么能埋怨未亡人呢？"竟然言之成理。

卷七里另一则故事说：有个农家子，为狐精所媚，请术行高深的道士来抓狐妖，结果狐妖被捉住了。家人正生火烧沸油准备把狐妖处死时，农家子叩头求大家饶了狐妖一命，于是术士把狐妖放走了。后来农家子思念狐女，害了相思病，群医束手无策；正当此时，狐女出现了。农家子悲喜交集，情不自禁的把她抱在怀里。狐女却冷淡地对农家子说:“郎君缠绵相忆,只因为喜爱我的美色罢了。不知我的美丽只是一种幻象,你看到我的本形,恐怕连躲避还唯恐不及吧!”说完之后,她倏然扑地,竟成了一只苍毛修尾、鼻息咻咻、目睒睒如炬的狐狸。狐狸一跃上屋,长嗥数声后,一溜烟的走了,农家子见状,相思病就自动地好了。

狐跟人一样,有坏的也有好的,有贪狠的也有多情的;在清人蒲松龄《聊斋志异》卷二里,还有一则《酒友》叙述一只感恩图报的狐仙,使恩公发了大财。

《酒友》的故事说:从前有个姓车的,家里不富裕,却喜欢喝酒,尤其夜晚要是不喝三大杯烧酒,简直就睡不着,也因此他床头的酒葫芦里常装了酒。

有天半夜他睡醒,翻身之际觉得身边有人,一摸毛茸茸的,点烛照视,才知是只喝醉了的狐狸,再一看葫芦,已经滴酒不存。车某笑说:“这是我的酒友哪!别吵了它睡觉。”替狐狸盖好被子,看着它睡。

过了一会儿,狐狸醒过来了,在被窝里伸腰;车某笑着说:“睡得可好哇!”把被子一拉开,发现里面竟是个英俊书生。狐精起身拜谢车某不杀之恩,车某说:“我平生好喝酒,人人皆以为疑,遇到你也爱喝酒,咱俩做个好朋友吧!”

从此以后,车某每晚都准备了好酒招待狐仙。有一天晚上,狐仙说:“常喝你的美酒,无以为报,你的情况不宽裕,我想办法让你发个小财吧!”次晚,狐仙告诉车某往那儿走多远,地上有人掉的钱,那儿的地下有无主的窖藏的银子;车某听狐仙的话去找去挖,手头上就有了些资本。

狐仙又要他先去买两百亩地,告诉他何时种麦、何时种黍,等收获时,不但收成好,,卖价也高,车某跟狐仙的关系更亲密了。

狐仙称车某之妻为大嫂, 待他的儿子像自己儿子一般,后来车某去世,狐仙却因避嫌,再也不去车家了。

《聊斋志异》里的这个狐仙,不正是人人梦寐以求的良朋好友吗?

狐精作怪成了神

在晚清上海刊印的《点石斋画报》里,还有许多关于狐仙的故事。

有一则《伏妖有术》的新闻很有趣,说上海城中某妇,年轻貌美,却被一妖物缠住不放。妖物来时变作一位美少年,衣裳鲜华,风流倜傥,大家也不知道他的来路。少妇丈夫生性懦弱,也只有任少年来揩油。有一天晚上, 少妇对美少年说:“我有急需,你想办法帮我筹两百枚鹰饼(银洋)好不好?”少年慨然应允而去。

过了十多天,美少年来了,钱却没带来。少妇频频提借钱之事,少年不得已,讲好第二天一定把钱带来。第二天,少年带了钱来,少妇一看,竟是康熙年间铸印的铜板,像是人家用来压箱底的压胜钱。少妇大怒,把这些不能用的钱丢到地上,但却也对少年莫可奈何。

有一天,少妇心生一计,私下把沾了月经水的裤子用长绳系牢,等美少年来时,假装跟他亲热,趁他不注意时,把月水裤子往他头上一罩,美少年竟然挣脱不开,袴间立刻现出狐狸尾巴来,仓皇向外狂奔,从此再也不敢来作怪了。

讲了这么多关于狐精作怪的故事后,下面再回过头来看看中国人膜拜狐仙的情形。

先秦时,关于狐精的传说还不太多,秦汉以后,这类故事渐渐多了起来,唐朝时,狐精作怪的故事特别多,北宋李昉《太平广记》里,竟收录了六十几则关于唐人遇狐魅的故事。唐人张文成《朝野佥载》上也说:"唐初以来,百姓多事狐神,房中祭祀以乞恩,食饮与人同之,事者非一主。"当时甚而流传着"无狐魅,不成村"的谣谚,可见狐仙之猖獗,和人们奉祀它的情景。

从唐以后以迄晚近,大江南北无不奉祀狐仙,有文为证:

我国合江省民家多供胡三太爷的牌位。所谓"胡三太爷",指的就是狐,因胡狐同音故。……据说供祀胡三太爷,可以降祉纳福,尤其是出外谋生,走远路,非事先得到三太爷的暗示不可。它说能走,保管此行万事亨通,否则中途出岔子,险象环生。说来荒诞,但祀之者都言之凿凿,确乎其神。(近人陈钺编著《奇谐妙趣集》)

北方人以狐、蛇、蝟、鼠及黄鼠狼五物,为财神,民家见此五者,不敢触犯,故有五显财神庙,南方亦间有之……(清人薛福

成《庸盦笔记》卷四）

天津有所谓“姑娘子”者，女巫也，乡间妇女有病，辄使治之。巫至，炷香于炉口，喁喁不知何语，遂称神降其身，是谓“顶神”。所顶之神，有曰“白老太太”者，蝟也；有曰“黄少奶奶”者，鼠狼也；有曰“胡姑娘”者，狐也；又有蛇、鼠二物，津人合而称之为“五家之神”……（清人俞曲园《右台仙馆笔记》卷十三）

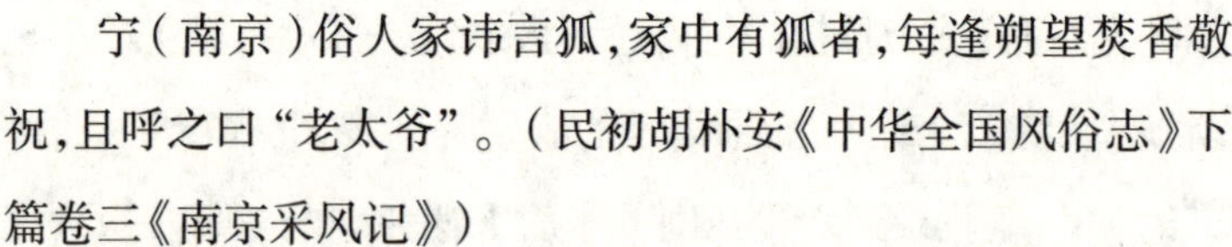

宁（南京）俗人家讳言狐，家中有狐者，每逢朔望焚香敬祝，且呼之曰“老太爷”。（民初胡朴安《中华全国风俗志》下篇卷三《南京采风记》）

芜俗佞狐，商铺几于家家设位供养，闹市中有狐仙堂数处，笙歌祭享，月必十余次。土人不敢直呼为狐仙，奉之为仙姑，称之曰“老太”；小儿有误呼之为“狐”者，其家人必痛责之，且为之忏悔于大仙之前。各家于小儿种痘时，祀狐最虔，称之为“花老太”。据云，稍有不敬，小儿必无幸免者。（胡朴安前引书下篇卷五《芜湖风俗琐记》）

俗谓狐狸成精，能为人祟，人家每于月之初一、十五，或初二、十六，燃香烛，以烧酒、鸡蛋祀之，谓之“供大仙”，有为长期设神位于屋隅者。（近人伍稼青《武进礼俗谣谚集》）

朱三懿仙姑，又称“三仙姑”，是福州住民所崇拜狐仙之一种，供奉于福州城北门顶屏山镇海楼楼上，由来已久。朱三懿仙姑的供奉，除了这一专庙外，一般家庭也虔诚奉祀其分身、分香者，所以福州民间对于这种信仰的热烈、普遍，几与临水夫人相等（台省来自福州之商人、工匠，也多崇拜敬祀这神的分身，传嘉义县嘉义市中正路有一来自福州的裱褙商，其住宅楼上题额曰：“台湾镇海楼”，供奉朱三懿仙姑泥像三尊，一切摆设俨然神庙；祭日，附近的福州同乡，争先前来进香、朝拜）。（《福州风物精华》第三篇《民情风俗》）

一方面，狐会变幻成妖魅，榨干人的精血，夺走人的性命，另一方面狐又接受人们的供奉，甚而替人治疗疾病、指示吉凶、告知未来之事、帮助人赚钱发财，狐真是善变呀！

三伏洗象

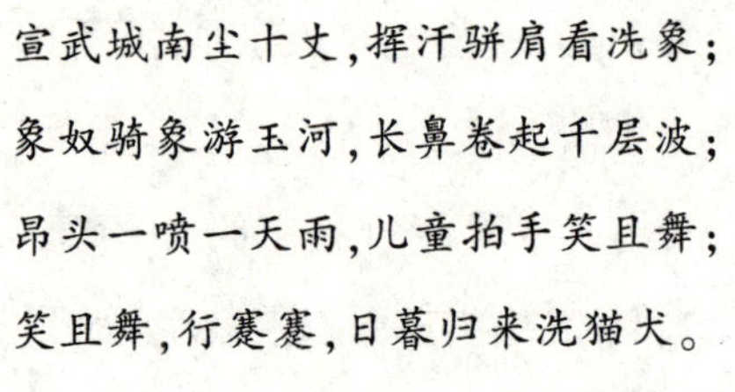

宣武城南尘十丈，挥汗骈肩看洗象；
象奴骑象游玉河，长鼻卷起千层波；
昂头一喷一天雨，儿童拍手笑且舞；
笑且舞，行蹇蹇，日暮归来洗猫犬。

——清彭蕴章《幽州土风吟·看洗象》

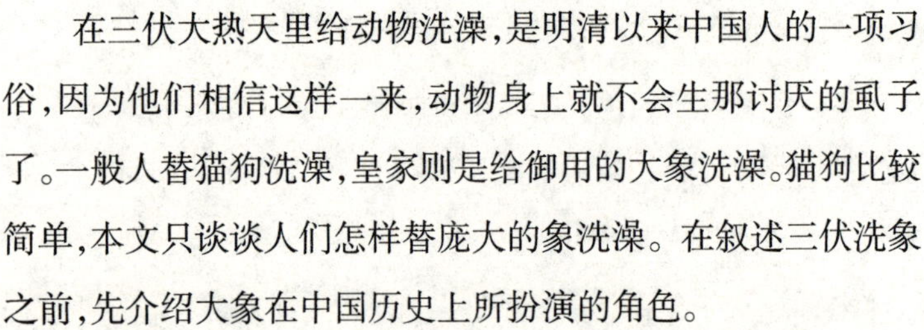

在三伏大热天里给动物洗澡，是明清以来中国人的一项习俗，因为他们相信这样一来，动物身上就不会生那讨厌的虱子了。一般人替猫狗洗澡，皇家则是给御用的大象洗澡。猫狗比较简单，本文只谈谈人们怎样替庞大的象洗澡。在叙述三伏洗象之前，先介绍大象在中国历史上所扮演的角色。

从筷子到艺品·从耕田到作战

在中国古代的文献里，有许多关于大象的传说，说明了上古时中原地区栖息着成群的野象；甲骨文的记载和殷墟出土的象骨，也证明了公元前十五至十二世纪的商朝，在黄河流域盛产大象了。

据说，纣王曾用象牙筷子吃饭，大臣箕子嫌其淫奢，而预言

“天下之祸”即将来临。（见《韩非子》卷七）

对象牙的爱好延至后代，发展成“牙雕艺术”，而出现了各式各样的牙雕工艺品，诸如象扫、象梳、象牙臂搁、雕牙小船、象牙套球、象牙扇骨等等。

洁白莹澈、纹理细密的象牙固然珍贵，但活生生的象用途

北京承天门外铜象

更大。据说“舜耕于历山，有象为之耕”（二十四孝文），这是象可耕田的例子。

在鲁定公四年，楚王大破吴军时“王使执燧象（尾巴系火之象）以奔吴师”（《左传》卷五十四），说明了春秋时代，中国人已发明了“象战”。《前汉书》卷九十九中，也记述王莽利用象群在昆阳（今河南叶县）作战，结果敌军“虎豹股栗”的情形。

从田野到朝廷·从寒带到热带

或许是中国北方气候日渐寒冷，再加上人们占据了野象所赖以生存的环境，象群在周朝已逐渐由中原地区而向南、向西迁往长江、汉水流域，后来再随着江汉流域的开发，到汉朝时只剩下中南半岛盛产大象了。

汉武帝时，南越开始贡象；自此以后，越南、暹罗、缅甸等时时有驯象送入中土。像南宋的《西湖老人繁盛录》里说：“外国大象六头……于荐桥门外造象院顿之。”但这时中国人已不用大象耕田或作战了，象是朝廷专养，供皇家某些大典中使用。

由于象很聪明，所以可以指挥它在典礼中出现，而增加典礼的声势和排场。《东京梦华录》卷十里说北宋皇室在冬至时祭太庙的“驾行仪衙”里，有“象七头，各以文锦被其身，金莲花座安其背，金辔笼络其脑，锦衣人跨其颈”。大象到了太庙前，还会列队跪拜，鸣喏有声。

《西湖老人繁胜录》里也说，南宋杭城皇家的象队，在敲鼓鸣锣的导引下“每日随朝殿官到门前唱喏,待朝退方回。”行止中规中矩的象队,经常引来观赏赞叹的人潮;市面上也出现了卖木雕泥塑和纸画的小象,成为京城的土产之一。

驯象通灵知进退·朝廷守卫最负责

明人谢肇淛在《五杂俎》卷九里叙述明代宫廷象队的情形,更为生动有趣:

今朝廷午门立仗及乘舆卤簿皆用象,不独取其壮观,以其性亦驯警,不类它兽也。象以先后为序,皆有位号,食几品料。每朝,则立午门之左右,驾未出时,纵游龁草,及钟鸣鞭响,则肃然翼侍,俟百官入毕,则以鼻相交而立,无一人敢越而进矣。朝毕,

明刊《方氏墨谱》摹刻唐阎立本扫象图

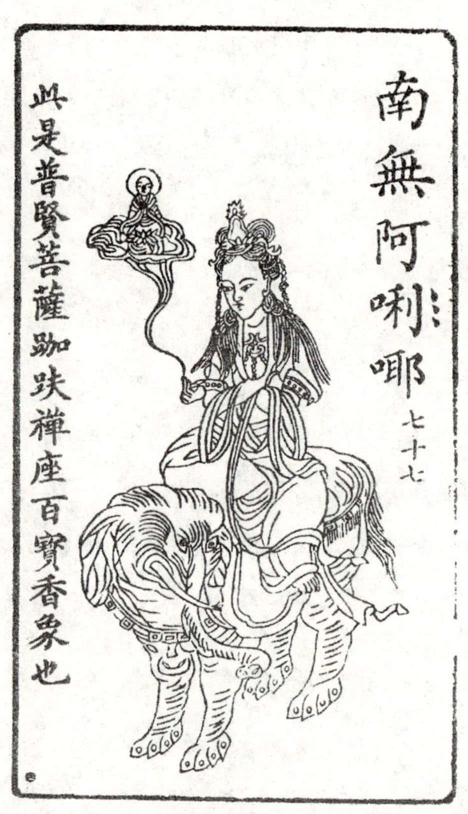

清刊《大悲咒》中骑象的普贤菩萨

则复如常。有疾不能立仗，则象奴牵诣它象之所，面求代行，而后它象肯行；不然，终不往也。有过或伤人，则宣敕杖之；二象以鼻绞其足踣地，杖毕，始起谢恩，一如人意。或贬秩，或立仗必居所贬之位，不敢仍常立，甚可怪也。

如文所述，大象不但如所进退、行止合礼，它居然还发挥了"打卡机"的功效，使得无人敢迟到早退，真是匪夷所思，可以古今比美的，大概只有金门训练有素的警犬。大象如此驯警通灵，难怪普贤菩萨要以它为坐骑了。

大象既然对人类有实际的功能和贡献，可以平添皇家的威风和典礼的壮观，人们替大象洗洗澡也是天经地义的事。但象的躯体庞大，洗象可真是件大事。有关大象的清洁工作，如唐人阎立本《扫象图》所描绘，在平时只是用扫帚扫扫大象身上的尘垢而已，一直要到三伏天，才劳师动众举行洗象的工作。

千钱更赁楼窗坐·都为河边洗象来

明清时象奴如何替象洗澡呢？明人刘侗《帝京景物略》卷二里说：

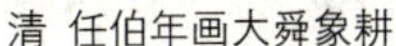

清 任伯年画大舜象耕

“三伏日洗象，锦衣卫官以旗鼓迎象出顺城门，浴响闸。象次第入于河也，则苍山之颓也，额耳昂回，鼻舒纠吸嘘出水面，矫矫有蛟龙之势。象奴挽索据脊，时时出没其鬐，观者两岸各万众，面首如鳞次贝编焉……”虽然描写得很生动，却不够仔细。

在日人编绘的《唐土名胜图会》（序刊于日本文化二年，公元一八〇五年）卷四里，有“洗象”一图，并绘出洗象所用的器具，使我们对当时人如何洗象，有了清晰而具体的概念。

在这幅木刻风俗版画中，共有五头大象，其中两头已系在木橛上，象颈和象足上都缠有绳索，固定在橛柱上，好让象奴给大象洗澡。另外三头大象已站在河水中，象奴拉着系在象耳耳钩上的绳索，并用竹鞭来驱使大象，想拉它到河中央的橛柱旁，以便缚好准备洗澡。

缚象所使用的颈索分两种，一种是雄象用的，长三尺九寸，一种是雌象用的，长三尺一寸。将绳索穿过八寸长、牛角制的“校”，拉紧后便可缚在柱上。直接用来刷洗象身的工具则有筶（竹扫帚）、叉、铁刷等等，此外还有吹口处为竹制的牛角笛，用来指挥大象的进退，真是洋洋大观，难怪有人要“千钱更赁楼窗坐，都为河边洗象来”（清人王渔洋诗句）了。

六月洗象，并没有硬性规定必须在初六那一天。有时在六月初三，有时初十，有时十九。这或许是伏日有迟有早之故，但不至迟于十九日以后。到底在哪一天，要看北京护城河河水的水位来决定。因为宣武门外的城壕，在冬春两季呈半涸状态，非到大暑天里，一连下几场雷暴雨，让西山的山洪迸发，大水直趋

日《唐土名胜图绘》中的象橛

高梁河，灌入绕城各河道，然后注入二闸的通惠河，这时候才有足够的水给大象洗浴。

最后引述一个有关三伏洗澡的笑话。明人江盈科在《雪涛谐史》里说，从前苏州有一位尚书，有一天他正洗澡时，有客登门拜访。尚书以正在浴中辞退了客人，客人心中十分不快。后来尚书回谒，先前这位客人便也以自己在洗澡为借口，不出见客。尚书便在其人家壁上题了一首短诗说：“君谒我，我沐浴；我谒君，君沐浴。我浴四月八，君浴六月六。”本来四月初八是“浴佛节”，而六月初六是“浴畜节”。有天天洗澡习惯的人。到了阴历六月初六这天，可千万得忍一忍啊！

《唐土名胜图绘》中的“洗象图“

猪的故事

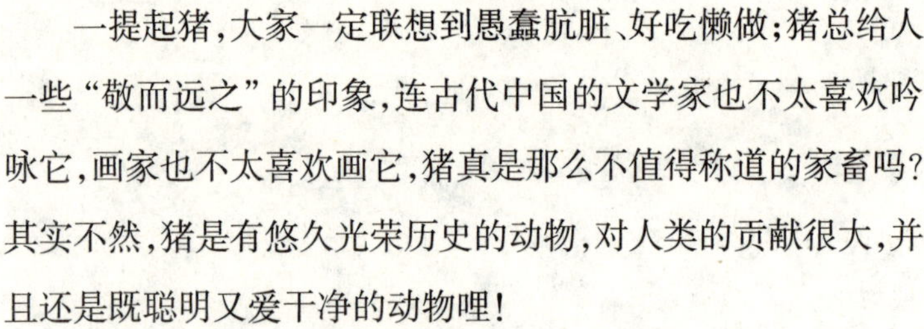

一提起猪，大家一定联想到愚蠢肮脏、好吃懒做；猪总给人一些“敬而远之”的印象，连古代中国的文学家也不太喜欢吟咏它，画家也不太喜欢画它，猪真是那么不值得称道的家畜吗？其实不然，猪是有悠久光荣历史的动物，对人类的贡献很大，并且还是既聪明又爱干净的动物哩！

在远古时代，野猪就蹒跚而行地出现于草莽丛林间了；中国古代的神话也说，上天创造生物的先后秩序是这样的：第一天创造鸡，第二天创造狗，第三天创造猪，第四天创造羊，第五天创造牛，第六天创造马，第七天才创造人。可见得是先有猪后有人的；并且十二生肖的秩序原不该老鼠第一，猪最后的。

野猪是人们畜养的家猪的祖先，至今地球上仍有野猪出没；野猪的大小形状和家猪差不多，只是头比较长、比较弯曲；耳比较小，是竖起来的（除了大象外，所有野生动物的耳朵都是竖起来的），四脚比较粗短、身体也较矮胖，全身都长满了暗褐色的粗毛，背上还有坚硬的鬃，在发怒时会竖立起来。

野猪生气时十分可怕，两只小而圆的眼睛变红了，上下牙床的犬齿都露在嘴唇外面了，它下牙床上的犬齿长而曲，俗称“獠牙”，可以穿破敌人的肚皮；上牙床上的犬齿比较短，俗称“磨牙”，是用来磨獠牙的，雌野猪没有獠牙，但它咬起东西来格格地响，更是可怕。野猪在受到惊吓时，会发出“呼呼”的叫声，平时它们倒是不吭气的。

关于野猪磨牙，有个故事说：有一只野猪在林子里休息，一边用磨牙来磨它的獠牙；恰巧一只狐狸经过，便问野猪说：你干么忙着磨牙呢？现在又没有猎人、又没有狗，牙磨尖了有什么用？野猪说：等敌人来时再开始磨牙，那就来不及了。可见野猪是有深谋远虑的，比一些大敌当前还醉生梦死的人，那可高明得多了。

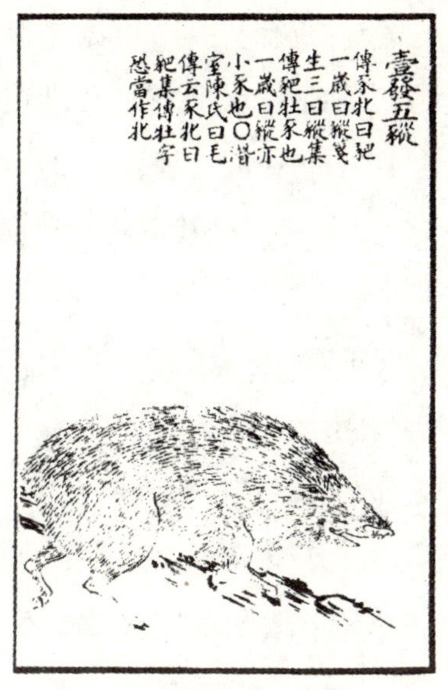

《毛诗品物图考》中的箭猪图

野猪喜欢在人迹不到的森林里居住，又喜欢在烂泥中滚来滚去；那是为了减低它身上的热度，胖胖的野猪最怕热了，因此，在野猪藏身的附近，通常总有一个泥塘。

日据时代台湾木刻版画《牵猪哥》

白天里，野猪总是一动也不动地躺在巢窟里，直到黄昏时，它才出来找寻食物。它会用长嘴就地掘块茎和细

根吃，在荆棘丛中找寻栗子、榧实，橡实，它最爱吃的果实就是橡实，除了蔬食外，它还会到鱼池里掘鳗鱼来吃，找兔窟掘兔子吃、袭取巢中的鹧鸪、睡着的小鹿，甚而死兽的尸体也能果腹，它就这样整夜地找东西吃，一直到天快亮时，才回到它的巢窟里去。

正因为野猪什么都吃，所以农人种的番薯、玉米、花生、蔬菜，常常遭到野猪的偷袭，一夜下来，就被糟蹋得惨不忍睹；金人元好问有一首《驱猪行》形容这种情形说："沿山莳苗多费力，办与豪猪作粮食；草庵架空寻丈高，击版摇铃闹终夕。"这四句是说农夫在山坡花费了许多血汗力气，开辟了农田，常常变成了豪猪的粮食；为了防止野猪来偷吃，农夫只好在农田旁边用木架搭起一座离地一丈多高的草庵，这样可以避免野猪的攻击，而整夜地敲着木板摇着铃子去吓走野猪："孤犬无猛噬，长箭不暗射，田夫睡中时叫号，不似驱猪似称屈。"这是说农夫虽然带着狗，但孤零零的一只狗根本不是一群豪猪的对手，虽然带了弓箭，但农夫射箭又射不准，他只有拼命地叫嚷，希望把豪猪赶走；但那叫声哪像威吓？简直是求饶嘛！求野猪放过了他的农田。"长牙短喙食不休，过处一抹无禾头，天明垄亩见狼藉，妇子相看空泪流。"说野猪才不怕农夫的威吓声哩，它照吃它的，每经过一处，就连一点秧苗也不留地吃个精光，等天亮时田亩一片狼藉，农夫农妇只有相抱痛哭的分儿。

一头大野猪有数百公斤重，它冲过来用獠牙一顶，人就会被抛出几丈外，肚破肠流，可是为了避免它破坏农稼、为了吃它那鲜美可口的野猪肉，人们还是想尽办法来猎野猪。

古代中国人是骑着马弯弓射杀野猪的，在陕西三原有一座唐朝时李寿的墓，墓里有壁画，描写李寿生前的生活情形，里面有一幅《狩猎图》，可见人们骑马追逐野猪，用弓箭射杀它的情景。

可是野猪平常喜欢用身体去揩擦松树的树干，让松脂沾黏在身上，然后在沙地上打滚，沙便黏在它身上了，日积月累下来，野猪皮厚得连劲弩利刃也伤不了它，所以弯弓射箭的办法也不太有效，射中了也不能让野猪一箭毙命，除非箭头上带有毒药。但有毒的箭射中野猪后，野猪肉也不能吃了；当人们有了火枪以后，便用火枪来猎杀野猪，猎人埋伏在野猪出没的路旁，等野猪经过时，用火枪把它杀死。

晚清上海刊印的《点石斋画报》里，就有一则新闻画“野猪拒捕”，说浙江省新昌、峡县交界处是一片原始森林，里面有千百成群的野猪，不时下乡骚扰农稼田稻，乡人便准备了火枪刀械，随时警戒。有一天，野猪成群下山而来，乡人便加以围剿，展开了一场“人猪大战”，结果乡民有七人受伤，猪则被击毙了两头，每一头都有七、八百斤重哩！

台湾高山族另有一种猎杀野猪的办法——训练猎狗来猎野猪，猎狗虽然不是野猪的对手，但它能以多欺寡，死拼缠斗，再加上主人适时用戈矛刺杀，野猪就难逃浩劫了。

当猎狗群穷追不舍时，野猪会在荆棘中辟一条路，逃到茂密的丛林里，找一个岩坡负隅固守，不管来的猎狗有多少，它都

不退缩，磨着獠牙，切着牙床，屹然不动地在那里等着；它头上背上的鬃毛会像钢针一般地直竖起来，两只小眼冒着怒火，盯着四周吠叫不休的猎狗，当猎狗扑上来时，它用獠牙硬嘴把猎狗刺得肚破肠流、肩脱腿折，等杀出兴头时，还会从丛薮中跑出来追狗逐人。但当猎人放枪使野猪负伤后，训练有素的猎狗会前后夹攻，伺机咬住野猪的喉头，那是它的致命伤。

被驯养的家猪可就迥然不同了，它凶蛮的野性尽失，随遇而安，自得其乐，既不愁自己命运的悲苦，也不忧食物的无着，见敌也不生畏怯，见亲也不表欢迎，再脏乱的猪圈也会去住、再腐臭的食物也满口大嚼，所谓“化腐朽为神奇”，正是形容吃馊水长得又肥又胖的大猪。

猪真的又蠢又脏又贪又懒吗？自然动物学家达克和摩尔两位博士，曾以各种方法试验许多动物，结果发现长蹄的家畜中，按聪慧的程度排名，最聪明的是猪，第二是骡，第三是马，第四是羊。

猪能够从很多复杂间隔的门户中，正确地打开某一道门而得到食物；猪懂得吃东西要适可而止，绝不像牛马那样，碰到食物充足时会吃得肠胃不消化。美国伊利诺伊州有个农人，养了许多猪，他偶然发现，猪喜欢在半夜吃东西，便在猪圈食槽边安装电灯，希望猪能日夜进食，早一点长得又肥又胖，哪知道食槽里饲料虽多，猪却浅尝即止，绝不会把自己的胃撑坏了。

大家都以为猪喜欢生活在污秽不堪的地方，所以对猪十分憎恶；其实这是很不正确的观念，猪天性喜欢清洁，如果给猪一块干净的地方睡觉，给它们的饮食也十分干净的话，它们就会跟睡在主人膝上或床上的猫狗一样洁净。为什么猪喜欢在泥泞不堪的水潭里打滚，只为了它身体胖、怕热，在泥潭水沟中打滚

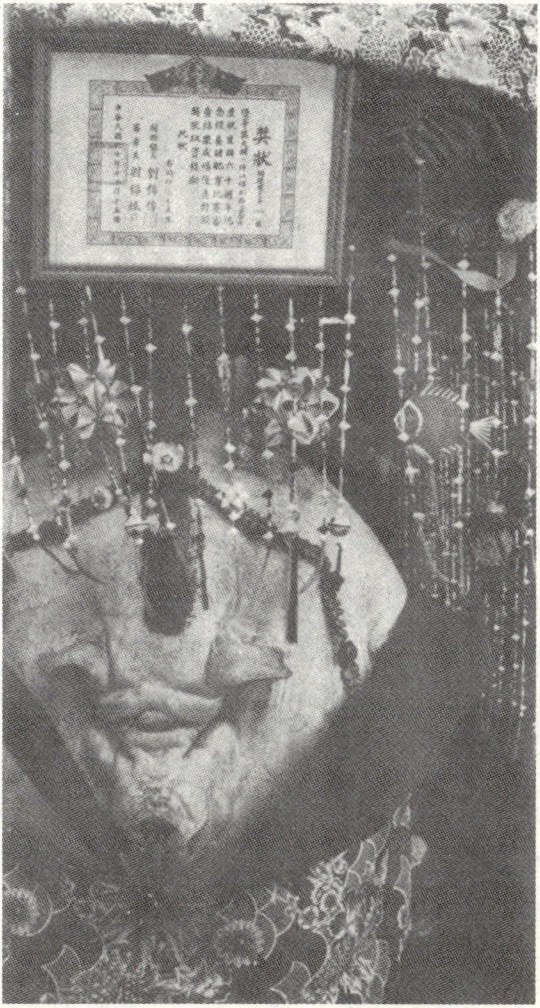

民间祭祀供神的大猪公

可借此取凉；在猪圈里只有污水，它也只好随遇而安了。

中国人很早就开始养猪了，仓颉造字时，“家”是屋子底下一口猪，可见猪是家中必备的畜牲。甚至比人还重要。几千年下来，猪跟人们发生了密切的关系，在祭祀时，猪是不可少的牺牲，它和牛羊合称“三牲”，是人们祭天地拜鬼神的厚礼。至今在拜拜时，总少不了一头大猪公，猪公愈大愈好，甚至有超过一千斤的。在祭祀时，宰杀好的猪全身的毛都剃得光光的，只留下眉间到头顶的一道鬃毛，嘴里还塞了一个橘子，猪公即成了祭典上人们注目的焦点。

中国菜里，用猪肉做出来的佳肴，更是不胜枚举，如红烧蹄膀、金华火腿、镇江肴肉、红烧狮子头、烤乳猪……中国人可以从猪脑吃到猪尾巴；没有猪，中国菜一定逊色很多。

虽然猪对人们的贡献很大，可是人们对猪的印象还是不佳，民初人江介石《趣味集》奇谭里有一则“罚彼为猪”，充分反映出这种心态：“昔目莲僧救母，锡杖挑开地狱门，放出无数恶鬼。冥王急奏明上天玉帝，即命目莲转世，做了黄巢，杀人八百万，仍然恶鬼收回地狱，监守严禁。不料被阳间官吏刮尽地皮，掘穿了两层地狱，虽未尽数走去，却又逃逸许多恶鬼。管狱的急忙禀明冥王，冥王勃然大怒，立命阴差，把恶鬼出世做官者，先提几个至阴间；本要关禁在十八层地狱内，使他永远受苦，不得超生；旁有一判官阻止曰：若将彼等关入地狱，不改故智，依然刮去地皮，把十八层地狱、层层刮穿，如之奈何？不若罚

彼等投生为猪，使屠户拔尽它的毛，剥尽它的皮，抽尽它的筋，割尽它的肉，吸尽它的血，将其生前所剥得民膏民脂，一应倾出，受种种无量苦处，以偿孽报，而免祸患。冥王准奏，众官化为猪，蹒跚而去。”贪官污吏是中国百姓最痛恨的人，罚他们变为猪，受各种苦，可见猪在中国人心目中地位是多么的卑下了。

在古代中国的乡野传说里，有一些是跟猪妖有关的。

晋人干宝《搜神记》里，就有两则猪妖的故事，一则说晋朝时，有个姓王的读书人，家住苏州；有一天他从曲阿回家，天快黑了，把船靠近岸边，见堤上有个十七八岁的少女，模样儿十分美丽，便呼少女上船来，陪他睡觉。天快亮时，少女要走，王某人便把身边的金铃子系在少女的臂上作为纪念。少女下船后，恋恋不舍的王某还要僮仆尾随其后，想打听少女是哪家人。没想到少女进了某宅后，一晃就不见了踪影；僮仆问那家的主人，主人却说他们家全是男性，僮仆说自己跟踪而来，明明看到少女进了他家；双方各执一辞，便四处搜寻；结果在猪圈里看到了有一头母猪，臂上正系着金铃子。

另一个故事是说在河南安阳城南边有个凉亭，一到夜晚就有妖怪出来害人，因此谁也不敢在凉亭里过夜。有一个书生精通术数，便大胆地决定要在凉亭里过一晚。左近的居民都劝他不要冒险，那儿已经死过好几个人了；但书生劝大家不用担心，便独自一个人去了。

书生在凉亭里端坐着读书，过了好半天，一直没有动静，便合眼睡觉了。过了半夜，有个人穿着黑衣来到凉亭前，大呼亭主，只听凉亭里有个声音回答。黑衣人问：“凉亭里有没有人？”亭主说：“有一个书生，在亭里头读书，好像刚刚才入睡，还没睡着哩！”黑衣人惋叹了一声便走开了。过了一会儿，又有个人戴着红巾帽来到亭前，大呼亭主，也跟前头的黑衣人一样，问亭里有没有人？听说有个读书人，也叹息了一声后走开了。又等了半天，静悄悄的没声响了，书生便走出凉亭，来到黑衣人呼叫亭主的地方，也学着叫问：“凉亭中有没有人？”亭主跟回答前两人一样地回答书生。书生又问：“刚刚那个黑衣人是谁？”亭主回答说：“北边农舍里的母猪。”又问：“戴红巾帽的是谁？”答说：“西边农舍的老公鸡。”又问：“你是谁呢？”亭主回答说：“我是老蝎呀！”

于是书生便展书诵读，不敢再睡；熬到天亮了，凉亭左近的居民跑来看时，都惊讶地问：“怎么你还活着？”书生说：“快拿把剑来，我替你们除妖。”便来到昨晚亭主答话的地方，果然找到了一个老蝎子，竟有琵琶大，尾端毒螯有尺余长；杀了老蝎后，书生又到了西村农舍里杀了老公鸡，到北村农舍里杀了老母猪，从此凉亭再也不闹妖怪了。

在所有的猪妖传说中，最富趣味的要算《西游记》里的猪八戒了。

《西游记》是描写唐僧和他三个徒弟猴精孙悟空、猪精猪八戒和卷帘将军沙悟净，一行四人到西天印度取经的故事。在

近人赵宏本、钱笑呆画猪八戒

路上他们遇到许多妖魔鬼怪，都想吃唐僧的肉，以长生不老，幸亏几个徒弟合力把妖怪打退。

在几个徒弟中，猪八戒是个丑角，他笨头笨脑，到处闹笑话，好吃贪睡，撒谎冤枉人、推卸责任，所有的坏事都有他的份。每当孙悟空打不过妖怪、唐僧被妖怪捉走时，猪八戒不但不帮忙，帮不上忙，还说："分了行李，各走门路。"的泄气话。他自己打不过妖怪了，倒拖着九齿钉耙立刻开溜，也不管孙悟空、沙悟净是死是活，沾沾自喜地庆幸自己没有被妖怪捉着。万一不幸给妖怪捉住了，他哭得最伤心，希望孙猴子立刻想办法来救他。

走在路上遇到斋粮可吃时，不管有多少食物，也不管别人有没有吃，猪八戒总是尽快往自己肚里装，装到肚子发胀，再吃不下为止。遇到妖怪当道，孙悟空调兵遣将时，猪八戒也会扛起钉耙，毅然出征。但走到半路上，算算时间还早，它会钻进草丛里先睡个大觉，哪管身怀重任。如果美色当前，它头一个流口水，想办法要占一点便宜。大伙儿走在路上，猪八戒甚而还藏了私房钱，打算将来有一天回去孝敬老婆哩！这就是猪八戒，人们对猪的坏印象，全给了猪八戒了。

猪八戒虽然“酒色财气”样样沾，但这原本就是人性的弱点，又怎能怪猪八戒呢？

《西游记》是明人吴承恩写的小说，一直到晚清时，民间还有猪妖的故事流传着；《点石斋画报》里，就有一个“八戒为祟”的新闻说：广东惠州何某人家中养的猪，有一天突然人立而啼，何家的人以为不祥，便把它卖给屠户；猪虽然卖掉了，何家却依旧遭殃，屋里的东西，无缘无故就自己动了起来，十四岁的女儿也突然发疯，口中喃喃自语地说：我是猪悟能，你家女儿在唐朝时，与我有夙缘，今天才能相遇，是前因未尽，应该跟我去。何某人吓得找道士来禳解，却没有效果，只好又烧香又叩头、又杀牲供奉求猪妖高抬贵手……这则新闻可真是骇人听闻了。